なぜあの人は感情的にならないのか

中谷彰宏

ダイヤモンド社

この本は、3人のために書きました

① つい感情的になって、損をしている人。

② カッとなったり、落ち込んだりで、疲れている人。

③ 感情的になっている人を、うまくなだめたい人。

まえがき

相手に合わせすぎるから、ムッとする。

感情的になる人は、いいかげんな人ではありません。

まじめで、一生懸命で、どちらかというと、相手のためを思っている人のほうが多いのです。

スケジュールを組む時も、自分のスケジュールを動かして、少しムリをして相手に合わせます。

それなのに、相手は遅れて来たり、当日キャンセルしたりします。

ここで「どういうこと?」と、イラッとするのです。

感情的に
ならない
ために
その1

相手に合わせるのは、3割までにしよう。

感情に振りまわされないためには、相手に合わせる量を3割までにすることです。

5割にすると、それはすぐ7割になります。

7割は、すぐ9割、10割になります。

そうなると、イライラします。

最初から、「相手に合わせるのは3割でいい」という気持ちでいると、ちょうど半分ぐらいのところに落ちつきます。

5割では、まだ気持ちは落ちつきません。

3割にすると、こちらも「合わせなくてゴメンね」という謙虚な気持ちになります。

まず、相手に合わせすぎないことです。

相手に振りまわされることが、感情に振りまわされるということなのです。

「なぜあの人は感情的にならないのか」目次

感情的にならないための73の習慣

1 相手に合わせるのは、3割までにしよう。
2 最初は全力、次からは相手に合わせよう。
3 感情的になりやすい自分も受け入れよう。
4 「情熱的」と「感情的」を混同しない。
5 他人より、自分を変えよう。
6 怒るかわりに、マニュアルをつくろう。
7 「部下は必ずミスをする」と考えよう。
8 「結果オーライ」と考えよう。
9 写真は現実と受け入れよう。
10 現実の自分を受け入れよう。
11 ヘルシーなものを食べよう。
12 肌を見て、自分の感情状態を知ろう。
13 イラッとしたら、歩こう。

14 イラッとしたら、寝よう。
15 15分の仮眠をとろう。
16 みんなに起こっていると考えよう。
17 男性と女性とで、作戦を変えよう。
18 上司の、人間とお役目を区別して見よう。
19 ムッとした時ほど、優しくしよう。
20 大人になって、赤ちゃんと同じことをしない。
21 ムッとしたら、「ハッピーバースデー」を口ずさもう。
22 深呼吸しよう。
23 片づけよう。
24 変更があると考えよう。
25 予定表は、2割あけよう。
26 受身でしていることを、能動的に変えよう。

感情的にならないための73の習慣

27 コンフォートゾーンを、抜け出そう。
28 具体的な行動で変えよう。
29 感情に即した行動をしよう。
30 相手が嫌いなことを、よかれと思って押しつけない。
31 幸せが嫌いな人もいることに気づこう。
32 「間違えている」と言われたら、「間違えています」と答えよう。
33 自分が悪くないことの証明を求めない。
34 病気は、自慢しよう。
35 見つめることで、個性にしよう。
36 異性に、同じことを求めない。
37 みんな状況は違うと考えよう。
38 つながりを、2つ以上持とう。
39 物理的な時間より、心理的な時間を持とう。

40 私が「教えてもらった」と考える。
41 何をしてでも、食べていく覚悟を持とう。
42 感情を抑え込まない。
43 さっとケンカして、さっと謝ろう。
44 「イラッ」を乗り越えるチャンスにしよう。
45 利害関係がなく、尊敬できる人を持とう。
46 メンターとロールモデルを区別しよう。
47 勉強と経験を積み重ねて高速回転させよう。
48 今までの自分にしがみつかない。
49 スイッチを、「前進」に切りかえよう。
50 上司は、神様ではなく、サラリーマンだと考えよう。
51 それでも、みんな頑張っていると、考えよう。
52 イラッとする人は、妖怪だと考えよう。

感情的にならないための73の習慣

53 カッとした時ほど、ゆっくり話そう。
54 痛み分けにしないで、どちらかをとろう。
55 準備しよう。
56 誰かにＳＯＳを出そう。
57 行動のスピードを上げよう。
58 着がえをテキパキしよう。
59 現実から身をそらさない。
60 感情を、実況中継しよう。
61 一気に解決することを、求めない。
62 確率に、こだわらない。
63 具体的な危機感を持とう。
64 未来を組み立てよう。
65 「気の毒に」と考えよう。

66 キャラ設定をしよう。
67 不満を、改善に変えよう。
68 大笑いしよう。
69 身近な人の成功をマネしよう。
70 小さなことに感動して泣こう。
71 自分の企画書を味わう1分を持とう。
72 自分より感情的になっている人を、なだめよう。
73 「くだらないこと」をしよう。

まえがき
相手に合わせすぎるから、ムッとする。……3

第一章

感情的になる人　感情的にならない人

自分のヤル気に相手のヤル気がついて来ないと、ムッとする。……20
感情的になりやすい自分を嫌うと、ますます感情的になる。……23
「情熱的」は、合理的。「感情的」は、非合理的。……26
「どうしたら、あの人を変えられますか」と聞く人は、感情的になる。……29
怒ると、疲れる。マニュアルをつくっている間は、疲れない。……31
「部下はミスをすることもある」と言う上司は、「ミスをしないこと」を期待してイラッとする。……33

自分のルートにこだわらない。……36
「写真写りが悪い」と言う人は、目の前の現実を受け入れていない。……38
自分の免許証の写真が気にいらない人は、感情的になりやすい。……40
甘いモノ・お酒・タバコで、ますます感情的になる。……43
肌が荒れている人は、感情的になっている。……46
運動不足になると、感情的になる。……48
睡眠不足でも、寝すぎでも、感情的になる。……50
15分の仮眠で、感情はおさまる。……52
「自分だけ」と全員が考えている。全員に起こる不幸は、つらくない。……54
男性は、黙ることで感情をおさめる。女性は、話すことで感情をおさめる。……56
お役目を人間と考えると、感情的になってしまう。……58
ムッとしたら、「ハイ、わかりました。そのように、扱います」でいい。……61
感情的になっても、損失しか生まれない。……63

第二章

感情的にならないための習慣

感情的な状態は、15秒以上続かない。深呼吸3回で、終わる。……68
呼吸が浅くなると、体が緊張して、心が緊張する。……70
片づいていない人は、感情的になりやすい。モノが見つからないだけで、イラッとする。……73
予定表には、「ただし、変更もありうる」のひと言を入れておくと、イラッとしない。……76
スケジュールは、8割で組む。……78
受身になると、悪玉ストレス。自分からすると、善玉ストレスになる。……80
コンフォートゾーンにいると、ますます狭くなる。……84
感情的になることを、精神論で抑えない。……87
感情と行動が一致している人は、感情的にならない。ズレている人が、感情的になる。……89
好きなほうを選んでいるのではなく、嫌いなほうを避けているのだ。……92
すべての人が成功したいわけでもなく、幸せになりたいわけでもない。……95

正論は、感情的になる。……98
現実社会は、△と△の勝負だ。……100
悩みごとは、隠すとへこむ。自慢すると、平気になる。……103
短所とは、劣っているところではない。自分が認めたくないところなだけだ。……105
男性脳は集中し、女性脳は並行処理。……107
ヨソはヨソ、ウチはウチ。……110
つながりが1つだと、余裕がなくなる。……112
早く終わってほしいのが、物理的時間。長く続いてほしいのが、心理的時間。……114
「注意された」と「叱られた」の区別はない。どちらも、へこむ。……117
食べていく自信がなくなると、人間関係でガマンするようになる。……119
感情は、揺れていい。感情的になってはいけない。……121
1人で、感情的になることはできない。片方がやめれば、おさまる。……123
「イラッ」としたら、成長するチャンスだ。……125

第三章

行動が遅い人が感情的になる

親・上司以外の信頼できる大人の知り合いを持つ。……128
上司以外のメンターを持ち、目標となるロールモデルを持つ。……131
勉強と経験をしないとメンターに出会えない。……133
先生に、「こうしてごらん」と言われたことを、恥ずかしがらずにできる。……136
スイッチが、「前進」ではなく、「バック」に入っていると、しんどくなる。……139
「信用できない」は、「過度に信用している」ということだ。……143
100%の人はいない。……146
貴族は、トロールにムッとしない。……148
ゆっくり、静かに話すと、感情的でなくなる。……152
自分と他人の目がぶつかるのが、迷いだ。……154
感情的になるのは、準備が足りないことが原因だ。……156

孤立すると、感情的になる。……159
行動が遅い人ほど、あせって感情的になる。……162
着がえをテキパキすると、感情的にならない。……167
現実から目をそらすことで、不安は大きくなる。……171
感情を実況中継することで、感情的にならずにすむ。……174
一気に解決することを求めると、感情的になる。……177
確率にこだわると、感情的になる。……180
漠然とした不安は、感情的になる。具体的な危機感は、感情的にならない。……182

第四章 感情を乗り越えてカッコいい人になる

希望とは、未来の組み立てだ。……186
怒りを同情に置きかえる。……189

「感情を乗り越えるカッコいい人」を演じる。……191
選ばれなかった理由ではなく、選ばれなかったポイントはどこか考える。……196
笑いは、嫉妬を上まわる。……198
身近な人の成功は、自分の失敗ではない。……200
物語に感動して泣ける。……203
他人の評価より、自分の満足を優先する。……205
自分より感情的になっている人を見るだけで、落ちつける。……207

あとがき
くだらないことをすることで、感情的にならなくなる。……210

第一章

感情的になる人
感情的にならない人

自分のヤル気に相手のヤル気がついて来ないと、ムッとする。

仕事では、上司・部下・お客様・取引先・協力スタッフなど、いろいろな段階のヤル気の人がいます。

感情的になりやすい人は、一生懸命でヤル気のある人です。

一緒に仕事をしていると、相手がそれほど一生懸命でないことがあります。

誰しも口では「一生懸命します」と言います。

ただし、一生懸命のレベルには、10段階くらいあります。

自分が「10」で相手が「3」の一生懸命さの時に、「どういうこと？」とムッとなるのです。

たとえば、Aさんと仕事をする時に、自分は「10」で頑張っているのに、Aさんは

「3」ということがあります。

そこで、次に別のBさんと仕事をする時に、自分が「3」にすると、Bさんは「10」で来ることがあります。

初めての相手と仕事をする時は、「10」のエネルギーですることです。

そこで相手が「3」なら、「3」に落とします。

一生懸命さを「10」から「3」に落とすのは簡単です。

相手が「3」のエネルギーで来ているのに、自分が「10」のエネルギーで行くと、相手にとってはかえって迷惑です。

そこはニッコリ笑って、「ハイ、わかりました。『3』でいいんですね」と心の中で思えばいいのです。

キーワードは、「ハイ、わかりました」です。

「なんで？」とは思わないで、「ハイ、わかりました。それでいいんですね」という対応にすればいいのです。

感情的にならないために
その2

最初は全力、次からは相手に合わせよう。

感情的になりやすい自分を嫌うと、ますます感情的になる。

「感情的になってはいけない」と言うと、「感情を持ってはいけないのか」と言われます。

「冷たい人間より喜怒哀楽がある人間のほうがいいじゃないか」と言われます。

そのとおりです。

喜怒哀楽の感情は持っていいのです。

ただし、喜怒哀楽に振りまわされすぎると、感情的になっていきます。

「あの人は、すぐ感情的になる」というのは、いい意味ではありません。

自分が怒っていることを把握できることが重要です。

感情をコントロールしたり、対等につき合っていくことができたら、それは「感情

的」とは言われません。

「怒ってないよ」と言うこと自体、すでに感情的になっています。

「今、少し感情的になりすぎたな」と思っている時は、すでにクールダウンが始まっています。

「感情的」から「感情」を俯瞰《ふかん》できる状態へ戻せて、感情をコントロールできるのです。

「感情的」とは、コントロール不能な状態です。

「感情的になりやすい自分がいる」ということを受け入れることです。

感情的になりやすい人は、感情的になっている自分が嫌いです。

「自分は感情的になっていない」と言い続けることで、よけい感情の振れ幅が大きくなります。

自分の中でハウリング現象が起こって、自分の怒鳴り声に自分が「うるさい」と言い始めるのです。

感情的にならないために
その3

感情的になりやすい自分も受け入れよう。

「情熱的」は、合理的。「感情的」は、非合理的。

「情熱的」は、言葉としては熱そうです。

でも**情熱的な人は、冷静です。**

「感情的」とは、今、自分がどういう状態にあるか、わからなくなっている状態です。

クルマの運転でも、違法ドラッグをやっている人が出しているスピードとF1レーサーが出すスピードとでは根本的に違います。

F1レーサーは、怖さを知りながら、「1歩間違うと事故になる」という合理的な判断の上でスピードを限界まで出しています。

これが「情熱的」ということです。

「情熱的」とは、非合理的なことをすることではないのです。

感情的になると、人間は合理的な判断ができなくなります。

「こんなことをしたら嫌われる」ということがわからなくなって、より嫌われるようなことをしてしまいます。

その結果、人間関係や仕事や恋愛においても、損失を生み出していくのです。


情熱的な人は、熱くなっている自分を別の角度から見ることができます。

「情熱的」とはテクニカルなことです。

「オレはこんなに情熱があるのに」と言い始めた瞬間に、「情熱的」ではなく「感情的」になるのです。

『情熱大陸』はいいですが、『感情的大陸』では辛いです。

「感情的」は、平たく言うと、酔っぱらい状態です。

酔うこと自体は、悪いことではありません。

酔っぱらいが迷惑なのは、今、自分が人に迷惑をかけていることに気づかないからです。

酔っぱらいは、自分が酔っていることを否定します。

合理的な判断ができないので、トイレでないところでおしっこをしたり、人間の理性が働いていたらガマンできることがガマンできなくなります。

脳の暴走が始まっているのです。

感情的にならないためにその4

「情熱的」と「感情的」を混同しない。

「どうしたら、あの人を変えられますか」と聞く人は、感情的になる。

「どうしたら上司を変えることができますか」

「どうしたら部下を変えることができますか」

「どうしたら恋人を変えることができますか」

こういう質問をする人は、感情的になりやすい人です。

人を変えることはむずかしいのに、あえてしようとしているからです。

「頭のかたい上司とつき合うために、私はどうしたらいいですか」という質問ならいいのです。

そういう人は自分を変えることができるので、作戦を立てることができます。

頭のかたい上司の頭をやわらかくするのは、不可能です。

それは自分の課題ではなく、上司が悪戦苦闘しなければならないことです。

悪戦苦闘するなら、自分の課題のためにしたほうがいいのです。

上司を変えようとする人は、上司の悪戦苦闘まで自分が引き受けることになるのです。


感情的にならないためには、他人より自分を変えることです。

世の中には、いろいろな人がいます。

不都合な人を変えることはできません。

不都合な人ともうまくやっていく方法を自分が身につけることで、冷静に感情をコントロールできるようになるのです。

感情的にならないために
その5

他人より、自分を変えよう。

怒ると、疲れる。マニュアルをつくっている間は、疲れない。

感情的になると、非合理的な判断や行動をしてしまいます。

理由は、脳が疲れてくるからです。

感情的になると、最初は怒り、次に落ち込みます。

怒ることによって、脳のエネルギーを消耗します。

脳がガス欠になると、前向きな考えが浮かばなくなって、落ち込むのです。

怒ったり、へこんだりすることで、感情の波を生み出します。

たとえば、何回言っても部下が同じ間違いを繰り返します。

上司が「何度言ったらわかるんだ」と怒ると、ミスした部下は「二度とこのようなことがないように気をつけます」と言って謝ります。

気をつけなくていいのです。

気をつけなくてもミスが起こらないマニュアルをつくるのが、上司の仕事です。

それでもまた同じミスが起こったら、またマニュアルをつくりかえればいいのです。

「前に書いたマニュアルを徹底しろ」と言うと、感情的になってしまうのです。

感情的にならないためにその6

怒るかわりに、マニュアルをつくろう。

「部下はミスをすることもある」と言う上司は、「ミスをしないこと」を期待してイラッとする。

部下がミスをすると、上司はイラッとします。

「部下はミスをすることもある」ということは、上司もわかっています。

この発想では、「部下はミスをしないこともある」という期待感が残ります。

「ミスをしないこともあるのにミスをした。どういうこと？」と、イラッとするのです。


感情的にならないためには、「部下は必ずミスをする」という発想に変えます。

必ず起こることが起こっただけなら、イラッとすることはありません。

部下のミスを防ぐ仕組みをつくることが、上司の仕事です。

「部下は必ずミスをする」と言うと、性悪説にのっとっているようで、なんとなく冷たく感じます。

「冷たいか冷たくないか」の本当の意味は、「感情的になるかならないか」ということです。

ところが最初から「部下は必ずミスをするものだ」という発想でいると、結果、部下に優しく接することができます。

一見、性善説のように思える人のほうが、圧倒的に感情的になりやすいのです。

「私は部下を信じています」と言う人ほど、それが裏切られると、ぶちキレます。

本当の性善説とは、

「部下はマニュアルをつくると、ミスをしない」

「部下は必ずミスをするけど、必ず生まれ変わる」

という考え方です。

こう言うと、「なかなか生まれ変わらないんですけど」と言う人が出てきます。

部下は必ず生まれ変われます。

ただし、生まれ変わるには少し時間がかかるのです。

感情的にならないために その7

「部下は必ずミスをする」と考えよう。

自分のルートにこだわらない。

想定外のことが起こった時、人はなんとか解決策を出そうとします。

それがうまくいかないと、「自分は終わった」と言って絶望するのです。

これが感情的になるということです。

やけくそになって、自暴自棄になるのです。


松尾スズキ監督の映画『ジヌよさらば』に、西田敏行さん演じる「なかぬっさん」と呼ばれる神様が登場します。

「なかぬっさん」のセリフで、「必ずなんとかなる。自分が思ったのとは違う形で」という名言があります。

イラッとするのは、自分の思ったとおりのルートで解決することにこだわっているからです。

大切なのは、なんとかなることです。

結果オーライでいいのです。

思いもよらぬ形であっても解決に導くことができれば、それでＯＫなのです。

感情的にならないために
その8

「結果オーライ」と考えよう。

「写真写りが悪い」と言う人は、目の前の現実を受け入れていない。

「写真写りが悪い」と思っている人は、感情的になりやすい人です。

私の実家の隣は、親戚の写真屋です。

お見合い写真の修整で稼いで、ビルを建てました。

「写真のおかげでお見合いが成功した」という評判が立って、依頼がどんどん来たのです。

お客様は「初めて本当の私を撮ってもらえた」と喜んでいました。

修整した写真は、写真というより、絵です。

「私は写真で見ると太って見えるんです」と言う人は、実際に太っているのに、その現実を受け入れられないのです。

ブログやフェイスブックで正面向きの写真を出す人は、感情的にならない人です。

感情的になるタイプは、顔が横を向いて、少しボケていて、証明写真では受け入れてもらえないような写真を出しています。

ありのままの自分が写っている写真は、自分としては受け入れがたいのです。

感情的にならないために　その9

写真は現実と受け入れよう。

自分の免許証の写真が気にいらない人は、感情的になりやすい。

私のビジネススクールの授業で、免許証の写真をお互いに見せ合ってもらいました。

この時、必ず「キャー、これを見せるんですか」と言う人が出てきます。

自分の免許証の写真が気にいらないのです。

ほかの人から見ると、まさに本人そのままの写真です。

カリカチュアで世界一になったKAGEさんのお店に、中谷塾の塾生を連れて行って、描いてもらいました。

カリカチュアとは、デフォルメされた似顔絵です。

その人の個性が、より出るように特徴を極端に描きます。

そこがただの似顔絵との違いです。

デフォルメの仕方は、「甘口」「辛口」「大辛」という3段階に分かれます。

十数名を連れて行くと、2名が必ず落ち込みます。

ムッとして黙り込んでしまうのです。

これが感情的になっている状態です。

KAGEさんがすごいのは、描かれる人のキャパシティーを読めることです。

大辛で描かれた人が「これはひどい」と落ち込むならわかります。

実際落ち込んでいるのは、甘口で描かれた2名です。

「この人は、たぶん怒るだろうな」「受け入れられないだろうな」ということで甘口で描いたのに、それでもへこむのです。

さらに輪をかけて、みんなにも「似ている」と言われます。

それで、よけいぶちキレます。

KAGEさんは、お客様からワインをかけられるという経験をしながら、相手のキャパを読めるようになったのです。

カリカチュアは、描かれる側のキャパが試されます。

大辛で描かれた人はキャパのある人です。

甘口で描かれているのに落ち込む人は、「写真」「鏡」「体重計」「検査」が嫌いです。

「写真は、本当の自分が写っていない」

「鏡は、自分が太って見えたり、老けて見える」

「体重計は、いつも多めに出る」

と思っているのです。

健康診断とか歯医者さんも、悪いところを見つけるから嫌いです。

共通するのは、今の自分の現実を受け入れていないということです。

「私はもっとキラキラで、かわいくて、カッコいいはず」と思っています。

似顔絵も、そういうふうに描いてくれる人のところに行くのです。

感情的にならないためにその10

現実の自分を受け入れよう。

甘いモノ・お酒・タバコで、ますます感情的になる。

感情的な人は、気分のアップダウンが激しい人です。

ずっと怒っている人は、その状態が保たれているので、別にいいのです。

一緒にいて一番困るのは、感情に波のある人です。

その人が今、どういう状態なのかわからないからです。

怖い先生・怖い上司・暴れん坊は、「怖いモード」で接することができるので、比較的平気です。

事前に自分のレベルを調整できるのです。

ＤＶの加害者は、ただの暴れん坊ではありません。

いじめたり優しくしたりして、一緒にいると振りまわされます。
そういう相手とつき合うと、大変です。

感情的な人の見分け方を知っておくと、自分も感情的にならずにすみます。
一つは、一緒にコンビニに入って、その人がどこを見ているかを見ます。
ジャンクフードを見ている人は、感情的になりやすいタイプです。
ジャンクフードには糖質がたくさん入っています。
糖質・お酒・タバコを体に入れると、いったんは快感が来ます。
ところが、その揺り返しで、ストーンと落ち込みが来ます。
結果、ますます感情的になるのです。
たとえ買わなくても、そういうモノをつい目で追っているのがわかります。
「甘いモノを食べると落ちつく」と言いますが、それは一瞬だけです。
そのあとは、ストーンと落ち込みます。
麻薬と同じ現象が起こるのです。

感情的になる人に巻き込まれると、連動して自分も感情的になっていきます。
感情的にならないためには、自分自身も甘いモノ・お酒・タバコで気を紛らわせないことが大切なのです。

感情的にならないために
その11

ヘルシーなものを食べよう。

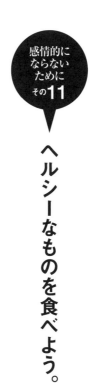

肌が荒れている人は、感情的になっている。

感情のコントロールができるかどうかは、その人の健康度で決まります。

「頭の中に前向きなアイデアが生まれる体の状態」が、健康の定義です。

その人が健康かどうかを見きわめる方法は、簡単です。

肌の状態を見ればいいのです。

健康の「予算」は、最初に心臓や脳や内臓に使われます。

そこで余った部分が、貯金として、最後に肌・爪・髪に出て来るのです。

肌が荒れているのは、健康の貯金がギリギリいっぱいか、赤字になっている状態です。

そういう人は感情的になっています。

同じ人でも、日によって肌の調子がいい時と悪い時があります。
それは自分でもわかるし、第三者が客観的に見てもわかりやすいのです。
肌を見ることで、相手が感情的になっているかどうかがわかるのです。

感情的にならないために　その12

肌を見て、自分の感情状態を知ろう。

運動不足になると、感情的になる。

ホテルでクレームを言っているお客様は、感情的になっています。

ホテルマンは「少し場所を変えて、こちらのお部屋で」と言って、そのお客様を歩かせます。

歩くという運動をすることで、感情が少しおさまるからです。

同じ場所に座った状態にしておくと、お客様はいつまでもぶちキレたままで、さらに第2噴火、第3噴火が起こります。

動かさないと、ますますキレていくのです。

私も、怒鳴りたくなった時には少し歩くようにします。

効率的な運動は階段の上り下りです。

それだけで気持ちがいったんおさまります。

運動不足の人は、ふだんからタクシーや電車を利用することが多いのです。

電車は階段があるので、まだマシです。

いつもクルマ、タクシー、エレベーターで移動している人は、感情的になりやすいのです。

歩きながらケンカすることはありません。

クルマの中や飲み屋でケンカが起こるのは、じっと座っているからなのです。

感情的にならないために　その13

イラッとしたら、歩こう。

睡眠不足でも、寝すぎでも、感情的になる。

感情的になりやすい人は、寝不足です。

単純に睡眠が足りていないのです。

「何時間寝ると長生きする」というデータは、まだ出ていません。

逆算して「長生きする人は何時間寝ているか」を調べると、「7時間半」というデータが出ています。


感情的になりやすいのは、体が疲れている時が圧倒的に多いのです。

睡眠不足の時は、寝るのが一番です。

ただし、たくさん寝ればいいというものでもありません。

よっぽど疲れている場合は別ですが、ムリに必要以上に長く寝ると、逆に感情的になっていきます。

睡眠には、ちょうどいい長さがあるのです。

感情的にならないために
その14

イラッとしたら、寝よう。

15分の仮眠で、感情はおさまる。

自分が感情的になってきていると感じたら、仮眠をとります。

長さは15分です。

15分で起きられるか心配になりますが、やってみるとできるのです。

15分間寝ると、イライラがおさまります。

頭の中のよどみが洗い流されるからです。

老廃物を押し流す方法は睡眠しかないのです。

15分の仮眠をするだけで、脳はリフレッシュします。

15分なら、どんなにスケジュールが忙しくても大丈夫です。

ベッドもいりません。

会社の机でうつぶせになったり、椅子にもたれたり、どんな姿勢でもいいのです。
むしろベッドのような寝やすいところで寝ないのがコツです。
15分の仮眠をとっている企業の社長はたくさんいます。
一つには、社長は頭脳労働をしなければならないからです。
もう一つは、イラッとするのを抑えるためです。
イラッとしているようでは、大事な案件に冷静な判断ができないのです。

感情的にならないために
その15

15分の仮眠をとろう。

「自分だけ」と全員が考えている。全員に起こる不幸は、つらくない。

「自分だけに想定外のことが起こっている」と思うと、イラッとします。
全員に起こっていると思えば、イラッとしません。
不具合なことは全員に起こっています。
感情的になる人は、それを「自分だけに起こっている」と感じるのです。

誰しも不具合なこと・不都合なことは口にしたがらないので、目につきません。
目につくのは、人がうまくいっていることです。
自分に関しては逆になります。
自分自身がうまくいっていることは気にならなくて、うまくいかないことだけ目につくのです。

典型的なのはゴルフです。

「あの人は運がいい」→「それに比べて自分は運が悪い」→「自分は損している」と考えるから、イラッとします。

イライラをキャディーさんにぶつけると、キャディーさんに嫌われます。

すると、ますますイラッとして、スコアが下がります。

スコアが下がると、さらにイラッとします。

そうやって負のスパイラルに入っていくのです。

感情的にならないために　その16

みんなに起こっていると考えよう。

男性は、黙ることで感情をおさめる。女性は、話すことで感情をおさめる。

感情をクールダウンする方法は、男性と女性とで違います。
夫婦ゲンカがおさまらないのは、このためです。
だんなさんは、黙って気持ちを整理しようとします。
そこへ奥さんが「なんで黙っているの」と、ワーッと話しかけます。
それが女性のクールダウンの方法だということを、男性は知りません。
何か自分が責められているような気がするのです。

男性が黙るのと女性が話すのは、同じクールダウンの方法なのです。
人とのつき合い方でも同じです。

相手が男性なら黙る時間をつくってあげます。
相手が女性なら話す時間をあげます。
男性と女性とで作戦を変えるのです。
相手が感情的になると、自分も巻き込まれます。
相手との接し方を変えることで、相手を感情的にさせずにすむのです。

感情的にならないために
その17

男性と女性とで、作戦を変えよう。

お役目を人間と考えると、感情的になってしまう。

「上司が頭にくる」と言う人は、上司を「人間」としてだけとらえています。

「上司」というのは、お役目です。

すべての人に、「人間」と「お役目」という2つのキャラクターがあるのです。

たとえば、「ガードマンさんが融通がきかない」と怒っている人がいます。

ＩＣカードがないと入れてもらえないのです。

「顔知っているじゃん」と思うと、イラッとします。

そのガードマンさんは、お役目として、そうしているだけです。

一人の人間として冷たいわけではないのです。

映画の悪役と、その役者本来のキャラクターを、普通は分けて考えます。
悪役ばっかりやっている人だからといって、その役者さんを悪い人だと思ったりはしません。

ところが、仕事では急に「人間」と「お役目」を混同するのです。
必ず出てくるのは、「融通がきかない」という言葉です。

その点、犬はわかりやすいです。
玄関につながれている時は、番犬としての役目を果たします。
家の中にいる時は、人に甘えます。
犬でも「お役目」と「ペット」という2つの役を使い分けているのです。
融通がきかないのは、人間として融通がきかないのではありません。
お役目として、融通がきかないのです。
その人は見事にお役目を果たしています。
そう考えてあげないといけないのです。

2つのキャラクターを混同しないことが大切なのです。

感情的にならないためにその18

上司の、人間とお役目を区別して見よう。

ムッとしたら、「ハイ、わかりました。そのように、扱います」でいい。

ムッとした時にムッとした言葉を返すと、相手からさらにムッとした言葉が返ってきます。

イライラは増幅していくのです。

それをどこかで断ち切ることが必要です。

ムッとした時ほど優しく返せばいいのです。

ムッとする相手に言葉を荒らげるのは、まだ相手とつながろうとしているからです。

そういう相手には、お役目としてのかかわりだけにします。

ムッとするのは、相手にどこかで人間としてのかかわりを求めているのです。

逆に言うと、相手が激怒している時は、まだ自分は切り捨てられていないということです。

相手が優しく冷静になったら、切り捨てられたのかもしれないと考えなければいけないのです。

感情的にならないために その19

ムッとした時ほど、優しくしよう。

感情的になっても、損失しか生まれない。

感情的になる人は、感情的になる自分を選んでいます。
感情的にならない人は、感情的にならない自分を選んでいます。
どちらも人に選ばされているのではありません。
自分で選んでいるのです。
感情的になる人は、感情的になる自分を選んだほうがラクです。
感情的にならない人は、感情的にならない自分を選んだほうがラクなのです。
すべてのことにおいて、人間はラクなほうを選ぶのです。
好きだから選んでいるということです。
赤ちゃんは、泣くことで感情表現をします。

泣けばおむつを替えてもらえるし、おっぱいを飲ませてもらえます。
泣くことで要求が満たされることを学習しているのです。

感情的になる人は、自分が感情的になれば欲望が満たされると思っています。
赤ちゃんと同じレベルです。
乳幼児ならいいですが、大人になっても、まだそうしているのです。
怒ればなんとかなると思っている男性がいます。
結果、人間関係においては損失しか生まれません。
泣けばなんとかなると思っている女性もいます。
赤ちゃんの精神状態のままで、大人の体験学習をしていないからです。
泣くと状況はさらに悪くなることに気づいていないのです。

男性の上司は、女性の部下が泣くと、あたふたします。
「困った。大変なことが起こった」と思うのです。

自分の中に「泣く」という表現手段がないからです。
女性が泣くのは、悲しくて泣いているのではありません。
アピールとして泣いているだけです。
男性が怒るのも、女性が泣いているのと同じです。
そんなことにビクビクする必要はありません。
そう解釈できると、感情的になっている人に巻き込まれないですむのです。

感情的にならないために　その20

大人になって、赤ちゃんと同じことをしない。

第二章

感情的にならない
ための習慣

感情的な状態は、15秒以上続かない。深呼吸3回で、終わる。

感情的な状態が続くのは15秒です。

それ以上長く続けられないのです。

15秒は、深呼吸3回分の長さ、「ハッピーバースデー・ツー・ユー」を1回歌い終える長さです。

自分の気持ちをおさめるには、心の中で「ハッピーバースデー・ツー・ユー」を歌いきればいいのです。

何もしなくても、15秒間、通りすぎるのを待てばいいだけです。

人間は永遠に怒り続けることはできません。

そんなことをすると、脳がヘトヘトになって死んでしまうからです。

5秒の深呼吸といっても、そんなに深い深呼吸ではないのです。
それを3回するだけで、感情的な状態は終わります。

感情的にならないために
その21

ムッとしたら、「ハッピーバースデー」を口ずさもう。

呼吸が浅くなると、体が緊張して、心が緊張する。

相手が今、感情的かどうかを一瞬で見抜くことは大切です。

そうしないと、相手の逆鱗《げきりん》に触れて危ないのです。

上司がきげんの悪い時にトラブルの報告をすると、ややこしいことになります。

企画書を出しても通りません。

サラリーマン時代に私が一番うまくなったのは、上司のきげんの波を把握することでした。

転勤から戻って来たばかりの人は、ここがわかっていません。

「今、それを言ってはダメでしょう」ということを言ってしまいます。

私が先輩から教わったのは、上司に企画書を出したりトラブルの報告をするベストタイミングです。

今、上司の気分が穏やかな状態か、ゴキゲンなのか、感情的なのかを見抜くことが大切です。

感情的になっている人には、きわめて顕著な特徴があります。

それは呼吸が浅いことです。

呼吸が浅くなると、体の緊張が起こります。

呼吸が深くなると、体はリラックスします。

体が緊張し始めると、その結果、心も緊張し始めます。

心はどこにあるかというのは、なかなかむずかしい問題です。

少なくとも、呼吸が浅くなって体がかたくなると、脳に新鮮な酸素と血流が行きにくくなります。

自分が緊張してきたなと思ったら、呼吸を深くして、1回の呼吸を長くすればいいのです。

感情的にならないために
その22

深呼吸しよう。

片づいていない人は、感情的になりやすい。モノが見つからないだけで、イラッとする。

モノが見つからないと、イラッとします。

必要な企画書が、出がけに見つからないのです。

片づいていないことの一番の問題点は、これから出かけようとしている時に、必要なモノがすぐ取り出せないことです。

その結果、出かけるのが遅れます。

プレゼンなのに、先方に「遅くなってすみません」から始めることになります。

結果として、プレゼンがうまくいかなくなるのです。

行く途中もハラハラします。

「10分ぐらい遅れます」と言ったのに、道が混んでいて実際には15分たってしまっています。

負のスパイラルに入っていくのです。

もう1つの問題点は、散らかっている状態が常に目に入っていると、精神に影響を与えることです。

口では「散らかっていても平気」と言っています。

実際には、視覚情報でイラッとしているのです。

疲れて帰って来ただんなさんが一番イラッとするのは、玄関が散らかっていることです。

せっかく家へ帰って安らぎたいと思っているのに、玄関に靴がたくさん出ていたり、三輪車が転がっているのです。

洗濯物とランドセルも放り出されたままです。

女性がイラッとするのは、だんなさんが廊下に靴下を脱ぎっぱなしにすることです。

歯磨粉のキャップをあけっぱなしにしておくことも、イラッとします。

「あとで使いやすいように、あけといてあげたんだ」というのが、だんなさんの言い分です。

この一言がまたケンカのもとになります。

片づいている家では、夫婦ゲンカは起こりにくいのです。

夫婦ゲンカをした時は、家の片づけから始めればいい。

片づけをしているうちに、相手の気持ちも自分の気持ちもおさまっていくのです。

感情的にならないために　その23

片づけよう。

予定表には、「ただし、変更もありうる」のひと言を入れておくと、イラッとしない。

男性が特に感情的になるのは、予定の変更です。
男性の見せ場は、予定を組むことです。
ここがダンドリ力を発揮できるところだからです。
ところがせっかく予定を組んだのに、想定外の出来事が起こります。
誰か1人が遅れてきて、あとのダンドリがメチャクチャになるのです。
常に、予定表に1行、「ただし、変更もありうる」と入れておくかどうかで違ってきます。

本当にダンドリのいい人は、つくった予定表の変更にも即座に対応できる人です。

シナリオが1本だけでは弱いのです。

シナリオを枝分けして考えられる人が、感情的にならない人なのです。

感情的にならないために その24

変更があると考えよう。

スケジュールは、8割で組む。

まじめで優等生の人は、スケジュールをギューギューに詰めてしまいがちです。

ディズニーランドに行く時も、アトラクションをまわる予定をギューギューに組んでしまいます。

最初のアトラクションが大混雑してとたんにイラッとしてしまいます。

旅行に行っても、クッションになる時間帯を持っていないのです。


スケジュールは8割で組みます。

予定変更のキャパとして、2割は最初からあけておきます。

これはトラブルの対策ではありません。

何か面白いことが急に転がって来た時のためにあけておくのです。

ギューギューに詰めていると、面白いことが転がって来た時に、それをキャッチできなくなります。

ここでチャンスを逃します。

優等生は、予定をギューギューに詰めたことに満足してしまうのです。

感情的にならないために　その25

予定表は、2割あけよう。

受身になると、悪玉ストレス。自分からすると、善玉ストレスになる。

「ストレスは、いいのか悪いのか」という議論があります。
ストレスも少しはないと、逆に疲れます。
不健康になったり、ボケたりします。
ストレスには、善玉ストレスと悪玉ストレスとがあります。
悪玉ストレスは受身でしていることです。

たとえば、「明日までに、これをやってこい」と言われます。
または、「帰りがけに悪いね。これを１００部ずつコピーとってくれる？」と言われます。

完全に帰ろうとしている時に、仕事を頼まれるのです。

しかも、単純作業です。

同じことでも、自分から能動的にしたことは、善玉ストレスです。

人から与えられたノルマは、悪玉ストレスです。

たとえば、フルマラソンは精神的にもストレスがかかります。

それでもワクワクして走るのは、自分でエントリーしているからです。

上司の命令でのフルマラソンは、きついです。

富士登山も、なかなか大変です。

トライアスロンにハマっている上司に「おまえも来い」と言われたら、相当につらいことになります。

企業の経営者は、トライアスロンをしている人が多いのです。

自分で能動的にすることは善玉ストレスなので、大丈夫です。

受身ですると、感情的になっていきます。

能動的にすると、感情的にならずにすみます。

能動というのは、そこに工夫を加えるということです。

そこに自分なりのプラスアルファを足していきます。

仕事的には、よりしんどくなります。

それでも、その負荷を楽しく感じるのです。

私はいつも年賀状をすべて直筆で書いています。

「書かなければ」と思うと、めんどくさいです。

私は、お習字のつもりで書いています。

書き終わったころから調子が出てきます。

「だんだんいい字が書けてきた。ここからもう一回書き直したい」という気持ちになるのです。

ハードルを下げると、逆に悪玉ストレスになります。

「ノルマ100万円売って来い」と言われた時に、「すみません、80万円で許してもらえませんか」と言うと、悪玉ストレスになります。

「勘弁してくださいよ。２００万円にしといてくださいよ」と言うと、善玉ストレスに変わります。

自分から目標のハードルを上げることで、善玉ストレスに変えていけるのです。

感情的にならないために
その26

受身でしていることを、能動的に変えよう。

コンフォートゾーンにいると、ますます狭くなる。

誰もがコンフォートゾーンを持っています。

コンフォートゾーンとは居心地のいい場所のことです。

感情的になりやすい人は、コンフォートゾーンから外へ出ない人です。

コンフォートゾーンの中で、なるべくすべてのことをすませようとします。

トライしなくなるのです。

コンフォートゾーンの中では、落ちついていられます。

コンフォートゾーンの外へ出ると、感情を自分でコントロールできなくなります。

コンフォートゾーンの中にばかりいると、コンフォートゾーンはどんどん狭くなっていきます。

感情的にならずにすむ範囲が、どんどん狭くなるのです。

感情に振りまわされないためには、コンフォートゾーンから外に出ることです。心の筋肉を鍛えるということです。

ジムで体を鍛えるのと同じです。

たとえば10回ラクラク上げられるバーベルをいくら上げても、力はつきません。ギリギリ7回までしか上げられないバーベルを10回上げようとすることで、力がついてきます。

トレーナーさんに「ハイ、8。ハイ、9。ハイ、10」と言われて、どうにか10回上げられます。

10回目は、ほぼトレーナーさんが持ってくれている状態です。

7回しかできないものを7回だけしていると、やがてそれは6回になります。

「今日は6回でいいか」となると、次は5回に減っていくのです。

感情的になるのは、その人のもともとの性格ではありません。
自分を甘やかして、負荷をかけたトレーニングをしていなかったからです。
コンフォートゾーンの外へ出ないと、負荷はかかりません。
感情的になりやすい人は、「親もそうだったから仕方がない」と言います。
それは間違いです。
遺伝ではなく、自分で感情的になることを選んでいるのです。

感情的にならないために
その27

コンフォートゾーンを、抜け出そう。

感情的になることを、精神論で抑えない。

感情を抑えることができるのは、具体的な行動だけです。

「一生懸命」とか「根性」とか、スピリチュアル系の言葉では、感情は抑えきれません。

それよりは、15分寝たり、少し歩いたり、階段を上ったほうがいいのです。

感情的になっていることを感情でなんとかしようとするのは、火に油を注ぐようなものです。

身の上相談に行くと、精神論を言われます。

そこで、「この人は何もわかっていない」と、よけいカッとなるのです。

感情的にならないためにその28

具体的な行動で変えよう。

感情と行動が一致している人は、感情的にならない。ズレている人が、感情的になる。

「感情」と「行動」という2つの要素があります。

太っ腹な人が太っ腹な行動をとるとか、ケチな人がケチな行動をとるのは、感情と行動とが一致しています。

そういう人は感情的になりません。

一番の問題は、ケチな人が太っ腹な行動をとることです。

感情と行動とが分離しているのです。

これは優等生に起こりがちです。

ケチな人が太っ腹な行動をとると、結果、その人はビクビクします。

お金持ちがお金持ちの行動をとるとか、貧乏な人が貧乏な行動をとるのはいいのです。

貧乏な人がお金持ちの行動をしてビクビクするのは、貧乏くさいです。

「貧乏」と「貧乏くさい」の違いは、ここです。

ケチな人がケチな行動をとることを「ケチくさい」とは言いません。

ただの「ケチ」です。

一貫した何かを感じます。

ケチな人が太っ腹なことをして、「おごってやった」とずっと言い続けたり、「何か損しているような気がする」とブツブツ言ったりするのが、ケチくさいのです。


優等生は、「どちらのほうがいい行動か」ということを考えます。

自分はケチなのに、つい太っ腹な行動をしてしまいます。

ケチはケチでいいのです。

行動がズレないことが大切なのです。

感情的にならないためにその29

感情に即した行動をしよう。

好きなほうを選んでいるのではなく、嫌いなほうを避けているのだ。

おせっかいな人は感情的になりやすい人です。

おせっかいな人は、世話好きで、人のために何かをするのが好きです。

たとえば、ランチタイムに、おせっかいな女性が男性と一緒に食堂に行きます。

メニューは「生姜焼き定食」と「鮭定食」の2種類です。

男性は、生姜焼き定食を選びます。

その店を紹介した女性は、鮭定食を選びます。

女性は「鮭定食のほうがおいしいから、鮭定食にしたほうがいいよ」と言います。

男性が「僕は生姜焼きでいいです」と言うと、「人が勧めているのに、なんで言うことを聞かないの」と怒り出します。

この女性は、その男性が生姜焼きが好きだから生姜焼きを選んでいると思っています。

違います。

鮭が嫌いだから生姜焼きを選んでいるのです。

「おいしいものを食べたほうがいいに決まっている」というのは、ただの決めつけです。

相手からすると、嫌いなものよりまずいほうが、まだいいのです。

嫌いなものでどんなにおいしくても、それを食べることはイヤな体験でしかありません。

「自分が正しいと思っていることは、みんなにとっても正しいはずだ」というのは、正しさの押しつけです。

好きで選ぶのではなく、嫌いでないほうを選ぶこともあるのです。

感情的にならないために
その30

相手が嫌いなことを、よかれと思って押しつけない。

すべての人が成功したいわけでもなく、幸せになりたいわけでもない。

「昭和生まれの人」が「平成生まれの人」にムッとすることが多いのです。

「おまえは仕事を一生懸命するつもりはあるのか。成功したくないのか」と言うと、平成生まれの人は「成功なんかしたくない」と言うのです。

すべての人が成功したいわけではありません。

成功も出世もしたくない人がいます。

お金儲けをしたくない人は、たくさんいます。

究極は、幸せになりたくない人もいます。

そういう人の存在を認めてあげることです。

だからといって、自分を変える必要はありません。

自分は幸せになりたいと思っていても、誰もが幸せになりたいと思っているわけではないのです。

それに対して、理由も何もありません。

好き好きだからです。

幸せになると、幸せな状態が壊れる体験をすることになるのがイヤと言う人もいます。

給料が増えると気をつかうことも増えるから、高い給料はいらないと言う人もいます。

以前は、初任給が高い企業ほど学生が集まりました。

今は、給料が高いと、逆に学生が集まらないこともあります。

「きっとしんどいに違いない」と、敬遠するからです。

世の中には、いろいろな価値観の人がいます。

それを理解することで、価値観の違いに苦しむことはなくなります。

たとえ自分の価値観が他人の価値観と違っても、自分の考えが間違いということは

ないのです。

「正解が1個」というのは、単なる思い込みです。
正解が1個なのは、学生の間だけです。
社会に出ると、正解はありません。
完全な○もないかわりに、完全な×もありません。
すべてのものが、△なのです。

感情的にならないために その31

幸せが嫌いな人もいることに気づこう。

正論は、感情的になる。

正論を言われると、カチンときます。

言っている側も、言われる側も、正論を言い始めるとケンカになるのです。

「それは偏見だろう」と言われたら、「そうだ。オレの独断だ」と答えます。

最初にそう言っておくと、ケンカになりません。

「おまえの言っていることは間違っている」と言われたら、「間違っているよ」と答えます。


時々、講演が終わった後の質疑応答で「中谷さんの言っていることは間違っていると思います」と言う人がいます。

自意識過剰な人です。

私は「間違っているよ。今さら何言ってんの。僕はこう考えるという、1つの極論を言っているだけだ。それを選択するのは君の自由だよ。間違っていると思ったら、君は君で、君の持論を展開していけばいい」と答えます。

私のスタンスは、自分の意見は間違っていて、いろいろな人の間違った意見も取り入れるということです。

それが楽しいのです。

多様性を受け入れるということです。

それが社会に出るということなのです。

感情的にならないために その32

「間違えている」と言われたら、「間違えています」と答えよう。

現実社会は、△と△の勝負だ。

学校では、◯か×しかありません。

社会に出ると、すべてのことが△です。

社会に出たての人ならまだしも、ずいぶんたっているのに、まだ「どっちが悪いんだ。それをはっきりしろ」と正論を振りかざす人がいるのです。

どっちが悪いということは、ないのです。

時代劇なら、どちらが悪いか決まっています。

そういう世界が好きな人は、時代劇を見ていればいいのです。

私は、古沢良太さん脚本のドラマ『リーガルハイ』が好きです。

『リーガルハイ』は、△と△の勝負です。

見ていて爽快感があります。

現実社会は、△と△の戦いです。

リーダーは、△と△の中から選びます。

学校時代に○と×を選ぶのが得意だった優等生は、社会に出てから苦しむことになるのです。


中谷塾にも優等生がたくさんいます。
○×の発想でこり固まった頭をどう変えていくかということです。
本人も苦しんでいるのです。

たとえば、お店のミスでレストランの予約が通っていない時に、お店の人が「すみません」と謝ります。

優等生タイプの人は、「『すみません』はいいから、どちらが悪かったのかだけをはっきりしてくれ」と言うのです。

そんなことは、どうでもいい話です。

このあとどこに行くかのほうが大切です。

すぐさま、このレストランを超えるぐらい素敵なレストランを予約しなければいけないのです。

この言葉を聞いた瞬間、連れの女性は、「この男はダメだな」と判断します。

自分が悪くなかったことの証明を求めるのは、みっともないことなのです。

感情的にならないためにその33

自分が悪くないことの証明を求めない。

悩みごとは、隠すとへこむ。自慢すると、平気になる。

悩みごとを隠すと、精神的に落ち込みます。

そもそも、失敗したり、うまくいかないことは、みんなに公表したくなるようなことではありません。

これは病気の時に起こりがちです。

病気でへこんでいる人は、その病気の話をみんなに言えません。

こっぱずかしい病気になった時に、それを堂々と言えることが大切です。

すべての病気は、自慢し合うことで乗り越えていけるのです。

カッコいいことは自慢しますが、カッコ悪いことは隠したがります。

隠すことによって、自己肯定感が下がっていきます。

コンプレックスを自慢することで、乗り越えていけるのです。

感情的にならないために
その34

病気は、自慢しよう。

短所とは、劣っているところではない。自分が認めたくないところなだけだ。

たいていの人は、短所は劣っている部分だと思いこんでいます。違います。

自分で認めたくないところが短所で、自分が認めたいところが長所です。

たとえば、集中力がないことは、本人の中では短所です。

でも、集中力がないことで危険に気づけるということもあります。

あまりにも集中している状態は、危険です。

集中力がない人は、並行処理ができる人です。

これがまた男女のケンカのもとになります。

たとえば、一緒にサッカーを観に行くと、女性はＰＫ（ペナルティーキック）の場面でメールをしています。

男性は「ちゃんと観ろ」と怒ります。

女性は、ワーッと歓声が上がってから観ます。

男性には、これが許せません。

「それならサッカーなんか観に来るな」と言いたくなります。

これが「集中」と「並行」ということです。

女性の脳は並行処理ができるのです。

感情的にならないために その35

見つめることで、個性にしよう。

男性脳は集中し、女性脳は並行処理。

女性は、料理をつくりながら、掃除もし、洗濯もし、育児もします。4つのことを同時にするのです。

男性がマンモスを狩りに行く時は、目的は狩りただ1つです。狩りの最中に子どものことが気になったり、ガスの栓を閉めたか気になったら、マンモスを逃がしてしまいます。

うっかりすると、自分が死んでしまうことになります。

男性は集中する脳、女性は並行処理の脳があるのです。

男性は「女性は、なぜPKの時にネイルを塗っているんだ」と思っています。

女性は「男性は、なんで並行処理ができないの」と思っています。

男性は、料理をつくっている時は料理しかできません。

料理をしながら、洗濯物を取り込んで、掃除して、赤ちゃんをあやすことはできないのです。

集中力があることも、並行処理ができることも、どちらも長所です。

これは、正しいとか間違っているということではありません。

どちらも個性です。


そもそも異性に同じものを求めること自体、間違っています。

同性であっても、自分と同じものを求めないほうがいいのです。

感情的になる人は、「自分と相手は同じ」という大前提に立っています。

「自分も偏っているから、相手も偏らせておいてあげよう」と思うと、余裕ができます。

女性は、話している途中で話題が変わります。

筋道を追いかけて聞いている男性は、「ちょっと待って。今、オチの前に話が変わったよね。あの話はどこへ行ったの」と、ムッとします。

それをガマンして聞いていると、また話が変わるのです。

それで、男性は話を聞くのをやめてしまいます。

これが「話を聞いていない」の正体です。

お互いが「相手は話を聞いていない」と思っているのです。

感情的にならないために
その36

異性に、同じことを求めない。

ヨソはヨソ、ウチはウチ。

「○○ちゃんの家ではゲームを買ってもらえた」というのが、子どものころの親子の最初の感情のぶつかり合いです。

親は「ヨソはヨソ、ウチはウチ。ヨソがよければ、ヨソの子になりなさい」と叱ります。

これは感情の乗り越え方の本質をついています。

今、イクメンブームで困ったことが起きています。

「△△さんのだんなさんは熱心に育児をしているのに、あんたは何？」と言われるのです。

男性の中でも、子育ての好きな人、得意な人がいます。

そうではない人もいます。

みんな状況が違うのです。

違いを認めることが、感情的にならない方法です。

「みんな違う」と言うだけでは寂しいです。

「みんな違って、みんなそれなりに頑張っている」というところに落とし込んでいくことです。

イクメンの人も、頑張っています。

イクメンでない人も、ひょっとしたら仕事で頑張っています。

「自分だけが頑張っていて、みんなは頑張っていない」と思うと、「頑張っている自分は損をしている」と考えて、イライラが始まるのです。

感情的にならないために
その37

みんな状況は違うと考えよう。

つながりが1つだと、余裕がなくなる。

余裕がなくなると、人間は感情的になります。
たとえば、専業主婦のつながりが、ママ友だけの場合です。
そのコミュニティの中で、いかに仲間ハズレにならないか必死になります。
仲間ハズレになってもいいのです。
仕事をしている人は、仕事でのネットワークがあります。
習いごとをしている人は、習いごとでのネットワークがあります。
だんなさんとのつながりもあります。
ママ友で悩む人は、だんなさんとのつながりが切れている人が多いです。
つながりが1つだけでは、完全にそのつながりに頼ることになります。

そのつながりの中で起こっている出来事が、その人の出来事の１００％です。
取引先が１つだけの会社は弱いのです。
取引先から値下げ要求をされたら、こたえざるをえなくなります。
切られたら大変なので、なんでも言うことを聞きます。
取引先の景気が悪くなると、その時点で自分の会社も危うくなるのです。
取引先が複数ある会社は、１つの取引先に振りまわされずにすみます。
人間的なつながりを２つ以上持っておくことで、精神的に安定するのです。

感情的にならないために　その38

つながりを、２つ以上持とう。

早く終わってほしいのが、物理的時間。長く続いてほしいのが、心理的時間。

時間には、

①物理的な時間
②心理的な時間

の2通りがあります。

物理的な時間は、「ニュートン時間（時計の時間）」です。

心理的な時間は、「ベルクソン時間（主観的な時間）」です。

たとえば、恋人と一緒にいる時間は長く続いてほしいのにあっという間に終わります。

これは、楽しいことをする心理的時間です。

ところが、イヤなことをする時間は、時計を何回も見て「この時計はとまってるんじゃないか?」と思うくらい、時間がたつのが遅いです。

その時間のことを振り返ってみると、内容はスカスカです。

感情的になる人は、イライラした物理的時間に生きています。

万能リモコンがあるなら、早送りで時間をスキップさせたいと思っているのです。

同じ仕事をする上でも、仕事を楽しんでいる人は心理的時間に生きています。

イヤな人とのデートは、物理的時間になります。

重要なのは、何をするかではありません。

その時間を物理的時間にするか心理的時間にするかで分かれるのです。

物理的な時間よりも、心理的な時間を持つことが大切です。

時間に関する本を読んで、「このスキマ時間を使えば時間は増える」と学んでも、物理的時間が増えたのではまったく意味がありません。
1日24時間の中で、24時間が心理的時間の人もいれば、24時間が物理的時間の人もいるのです。

感情的にならないために
その39

物理的な時間より、心理的な時間を持とう。

「注意された」と「叱られた」の区別はない。どちらも、へこむ。

ビジネススクールの生徒から「『注意された』と『叱られた』の違いはなんでしょうか」という質問が出ました。

ある生徒が「感情的なのが『叱られた』で、冷静に言われたのが『注意された』だと思います」と言いました。

「注意された」と「叱られた」の違いは、言われた側の受け取り方の違いでしかありません。

どんなに冷静に優しく言っても、「叱られた」と受け取る人もいます。

相手がどう受け取るかという問題なのです。

「『注意された』と『叱られた』の区別はなんですか」と聞く人は、１００％「叱られた」と受け取っています。

相手に委ねて、受身になっているからです。

「この人から教えてもらおう」「学ぼう」という姿勢は、能動的であるということです。

この時、感情的にはなりません。

「『注意された』と『叱られた』の区別はなんですか」と聞く人は、１００％感情的になっています。

感情的になるというのは、怒っているほうだけを想像しがちです。

怒るだけでなく、へこんだほうも感情的になっているのです。

感情的にならないために
その40

私が「教えてもらった」と考える。

食べていく自信がなくなると、人間関係でガマンするようになる。

感情的になる人は、イヤなことをガマンしてする人です。

断れないからです。

断れない原因はたった1つ、お金です。

断ると、食べていけなくなるからです。

食べていく自信のある人は感情的になりません。

経済的に苦しいと、感情的な苦しさが生まれます。

今はお金がなくても「いつでもゼロからやり直せます。また稼いでやる」という覚悟を持てる人は、感情的にはならないのです。

上司の悪口を言うのは、会社を辞められない人です。

会社を辞めると食べていけなくなる、と不安だからです。

辞めるかわりに、上司や得意先の悪口を言ってしまうのです。

「いつでも辞めてやる」「辞めたほうが給料増えるわ」と思っている人は、感情的になりません。

何をしてでも食べていく覚悟のある人は、感情的にならずにすむのです。

感情的にならないためにその41

何をしてでも、食べていく覚悟を持とう。

感情は、揺れていい。感情的になってはいけない。

感情は静止しているものではなく、揺れているものです。
すべての人の感情は揺れています。
「感情的」というのは、その振れ幅が大きくなることです。
「感情は揺れてはいけない」と思い始めると、感情を抑え込もうとします。
抑え込もうとする力が、よけい感情を大きく揺らしてしまうのです。
感情的にならないコツは、感情を抑え込まないことです。

たとえば、年がら年中怒っている怖い上司は、感情的になりません。
常に発散しているからです。

それに対して、まじめで自分の感情を抑えるタイプの人がいます。
生徒みんなから「優しい先生」と言われるような人が、突然感情的になるのです。
事件を起こした人に対して、「まさか、あの人が」とよく言います。
事件を起こすまでは、それだけ感情を抑えて生活していたということです。
感情的にならないためには、怒る時は怒っていいのです。
ただし、1分怒って感情をおさめることが大切なのです。

感情的にならないために その42

感情を抑え込まない。

1人で、感情的になることはできない。片方がやめれば、おさまる。

イラッとした時は、ケンカすればいいのです。

優等生は「ケンカしてはいけない」と思っています。

ケンカしてぶつかって「なんだッ」と言われた時に、「ごめんね」と謝ってしまうのです。

さっとケンカして、さっと謝るのが、感情に振りまわされないコツです。

危ないのは、ガマンしてガマンして、自分の中でマグマを抑え込んで大爆発することです。

これは一番収拾がつきません。

こういう人は、謝るのが遅いのです。

ケンカしないと、人間関係は深まりません。

相手が何を考えているかよくわからないからです。

ケンカだけでは決裂します。

ケンカと仲直りを何回繰り返したかで、両者の関係の絆がどれだけ深まっているかがわかります。

より相手の価値観を把握できる関係性は、絆を強くします。

重要なのは、ケンカするまでの時間の問題ではありません。

謝るまでの時間の短さが勝負になります。

感情的にならないためにその43

さっとケンカして、さっと謝ろう。

「イラッ」としたら、成長するチャンスだ。

イラッとしたら、自分のキャパの境目に来ているということです。

「イラッ」を乗り越えられた人は、成長します。

ゴキゲンでいる状態は、まだキャパの限界まで来ていません。

そこには成長のチャンスはないのです。

イラッとした時は、「今この感情的になりそうなところをどうすれば感情的にならずにすむかな」と考えて工夫することによって、キャパを広げられます。

「成長する」とは、キャパを広げることです。

イラッとしたら、自分のキャパを広げるチャンスになるのです。

感情的にならないために その44

「イラッ」を乗り越えるチャンスにしよう。

第三章

行動が遅い人が感情的になる

親・上司以外の信頼できる大人の知り合いを持つ。

感情的にならないためには、親・上司以外の信頼できる大人の知り合いを持つことです。

これが大人になるということです。


人間の感情の成長は、3段階あります。

第1段階は、母親に愛されて、愛されることを知ります（6歳まで）。

第2段階は、父親と遊びながら人とふれ合うことを知ります（7歳から14歳まで）。

第3段階は、父・母以外の信頼できる大人と接することによって、社会とのかかわりを覚えます（15歳から20歳）。

社会とのかかわりとは、「自分のしたいことだけをしていてはダメだ」ということに気づくことです。

世の中には、自分の家族以外にも多くの人たちがいます。

社会生活をする上で、その人たちとぶつからずに仲よく協力しあう方法を身につけることは大切です。

そのためには、「自分の欲望を制御する」「人を助ける」という2つのことを覚える必要があります。

感情的になる人は、第3段階のトレーニングの途中だということです。

本来、第3段階は15歳から20歳までの間に終えなければならないことです。

感情的になる人は、それをこれから取り返して学べばいいのです。

通常、上司と自分は利害関係にあります。

『釣りバカ日誌』のハマちゃんとスーさんの場合は、役職が離れすぎているので利害関係がありません。

人生においては、利害関係がなく尊敬できる人を持つことが大切なのです。

感情的に
ならない
ために
その45

利害関係がなく、尊敬できる人を持とう。

上司以外のメンターを持ち、目標となるロールモデルを持つ。

よく「メンターが見つからない」「どうすればメンターを見つけられますか」と言う人がいます。

感情的になる人は、メンターとロールモデルを混同しています。

ロールモデルは、「あんなふうになりたい」という人です。

メンターは、目標達成のための助言（アドバイス）ができる人です。

「メンターみたいになりたい」と思っても、ムリです。

メンターは、自分との距離が遠すぎるからです。

『スター・ウォーズ』のルーク・スカイウォーカーは、ヨーダになりたいわけではありません。

父を乗り越えたいのです。

彼にとって、ロールモデルは父やハン・ソロです。

彼が敵と戦ったり、成長するために、メンターであるヨーダの「理力《フォース》を信じろ」という教えが効くのです。

メンターとロールモデルを混同する人は、遠い存在であるメンターを目指すようになります。

その結果、メンターになれなくて「もうやめた」と挫折してしまうのです。

感情的にならないために その46

メンターとロールモデルを区別しよう。

勉強と経験をしないとメンターに出会えない。

メンターを探すためには、勉強と経験が必要です。

勉強と経験を積まなければ、メンターもロールモデルも見つけられません。

メンターの側から「僕、メンターになってあげる」と来てくれることもありません。

自分の力で見つけて「僕のメンターになってください」と言っても、簡単に「いいよ」とは言ってくれません。

資格や認定証の世界とは違うからです。

「この人に教えてあげよう」と思ってもらえるところまで勉強と経験を積み重ねないと、教えてもらえないのです。

勉強と経験を積んでいないと、教えてもらってもそもそも意味がわかりません。

メンターとロールモデルは、どちらも面識はなくて大丈夫です。**すでに亡くなっていたり、本でしか知らない人でもかまいません。**

まずスタートラインとして、自分から探すことです。

見つけるまでの間も、勉強と経験を積み重ねる必要があります。

メンターとロールモデルがいる人は、感情的になりません。

メンターとロールモデルは長期的なものです。

「今日のメンター」「明日のメンター」という短期的なものではないのです。

「勉強」は、本を読んだり、習いごとをして、いろいろな知識を得ることです。

それを実体験でためしてみることが「経験」です。

たとえば、泳ぎ方の本をいくら読んでも、実際にプールに行かなければ泳げるようにはなりません。

本で学習したことをプールでためして泳げない時は、「何がいけないんだろう」と、もう一回本を読んだり、人に教われればいいのです。

勉強と経験を積み重ねて高速回転させることで、メンターに早く出会えるのです。

感情的にならないためにその47

勉強と経験を積み重ねて高速回転させよう。

先生に、「こうしてごらん」と言われたことを、恥ずかしがらずにできる。

メンターが、「この子は伸びそうだ」と思うのは、習い方を学んでいる人です。

たとえば、ダンス教室に来て「先生、何回習うとできるようになりますか」と言う人がいます。

ボイストレーニングの先生に「はい、声出して」と言われた時に、「大体わかりました」と言って、その場で声を出さない人がいます。

こういう人は、習い方を教わろうとしていません。

同じようなことは、セミナーでもあります。

セミナーの最後に「何か質問ある人？」と聞くと、誰も手を挙げませんでした。

そのあと、「じゃあ終わります。頑張って」と帰ろうとすると、「すみません、一つ質問いいですか」と近づいてくる人がいます。

みんなの前で聞くのが恥ずかしいからです。

この人は、習いに来ているのではなく、テストだと思って来ているのです。

すべての状況が習う場であると考えている人は、感情的になりません。

すべての状況がテストだと考えている人は、レッスンの場で失敗ができないのです。

本来、レッスンはたくさん失敗をする場所です。

習う場で「こうしてごらん」と言われたら、素直にできることが大切です。

たとえば、私がアイススケートを習った時は、何も教わってない段階で「ここからあの壁にぶつかって行け」と先生に言われました。

「とまり方は？」と聞くと、「ぶつかったらとまるから。ぶつかってとまれ」と言われました。

素晴らしい教え方です。

私は、先生に言われたとおりにしました。

最初にグズグズ理屈を言ったり、「そんな練習をするのはみっともない」と言う人は、自分を捨てられません。

まず、自分を捨てることから始めればいいのです。

今までの自分をそのままキープしながら、上の自分に行くことはできないからです。

あらゆる習いごとは、モノマネが基本です。

モノマネは、「みっともない」と思うとできません。

上の自分に行くために今までの自分を捨てることが、「片づける」ということです。

片づけられない人は、過去を切り捨てられない人なのです。

感情的にならないために
その48

今までの自分にしがみつかない。

スイッチが、「前進」ではなく、「バック」に入っていると、しんどくなる。スイッチの切りかえに、能力はいらない。

自分のスイッチが、「前進」ではなく「バック」に入っている人は、感情的になります。

バックは怖いし、前へ進まないからイライラします。

「どうすればうしろ向きな自分のスイッチを切りかえられますか」と聞かれた時は、

「この部屋の電気を消してごらん」と言います。

その質問者がパチッと部屋の電気を消しました。

「それぐらいだよ。今、能力や力は必要だった？」

「いりません」

「部屋の電気は誰がつけたの？」

「自分です」

このやりとりで、スイッチの切りかえが簡単なことを教えるのです。

感情的になる人は、モードが「過去」になっています。

うしろを見ているのです。


たとえば、デートでレストランに行くと、予約が通っていませんでした。

彼はメンツがあるので、「今の話だと私が間違っているような言われ方だけど、あなた方のほうで予約をミスったということを、彼女の前ではっきりしてくれ」と言うのです。

これはあくまで過去についての議論です。

スイッチが「過去」に入っているのです。

ここで、「すみません、この近くで系列のお店に席があるか、ちょっと聞いてもらえませんか」と即座に言える人は、スイッチが「未来」に入っていて、前へ向かっています。

「過去50％、未来50％という入れ方はあるんでしょうか」と質問する人は、スイッチを「過去」に入れています。

こういう人は、スイッチを真ん中に入れたがるのです。

大切なのは、今これからごはんが食べられるかどうかという「未来」です。

「すみません、この近くで系列のお店に席があるか、ちょっと聞いてもらえませんか」と言う時、人間は必ず冷静な話し方になります。

「どっちが悪かったのかだけはっきりしてくれ」と言う人は、声が大きくなります。

声が大きくなっている状態は、「過去」にスイッチが入っている一つの証拠です。

未来のことで怒る人はいません。

怒るのは、過去のことです。
過去のことで怒っても、何も解決策にならないのです。

感情的にならないためにその49

スイッチを、「前進」に切りかえよう。

「信用できない」は、「過度に信用している」ということだ。

「信用できない」と言う人がいます。

「信用できる」も「信用できない」も同じことです。

「信用できない」と言う人は、過度に信用しているのです。

ＰＴＡがよく「先生を信用できない」と怒っています。

「先生が信用できないから、うちの子どもを預けられない」と言うのは、先生をバカにしているのではありません。

そういう人ほど、過度に先生を信頼しているのです。

ここで感情に振りまわされています。

感情的にならない方法は簡単です。

「先生はマザー・テレサではない」と早く気づくことです。

「先生を信用できない」と言う人は、先生とマザー・テレサとの区別がついていないのです。

私が学生時代に先生ともめた時、父親が「サラリーマンやんけ」と言いました。

これで私はすべての問題が解決しました。

子どもは、先生が間違っていると思うとすぐ文句を言います。

子どもの正義感として「僕はこれが正しいと思う。先生の言うことは納得いかない」と言うと、「そんな言うたかて、先生はサラリーマンやん。給料安いぞ」と言われたのです。

その時、私は「それはそうだな」とすっきりしました。

上司に文句を言う部下は、上司を神様だと思っているのです。

絶対神と思われると、過度な期待をされて文句を言われます。

上司は、人間宣言すればいいのです。

部下は「上司もサラリーマンなんだな」と思うと、許せるところがあります。

たとえば、うるさいなと思っている上司に、「日曜日にうちで仕事しよう」と呼ばれました。

「仕事はできるけど、細々言うからイヤだな」と思っていた上司の家に行くと、上司が奥さんにボコボコに言われているところを見ました。

そのとたん、「偉い、この人は」と上司に対して愛情が湧きました。

つい「上司は神様だ」と勘違いして、過度な期待をするのです。

子どもの学校の先生に対しても同じです。

先生や上司はサラリーマンだと思って接すれば、感情的にならずにすむのです。

感情的にならないために　その50

上司は、神様ではなく、サラリーマンだと考えよう。

100%の人はいない。

100%の人は、偉人伝に載っている人ぐらいです。

偉人と天才とは違います。

天才はすごい人ですが、人間的に欠落があります。

すべてのものを棒に振って、一つの道に賭けているからです。

天才とつき合うのは大変です。

偉人は、勇気や根気がいるようなことに挑戦し、成し遂げた凡人のことです。

今の世の中に100%の人はいないので、自分も100%でなくていいし、先生も100%でなくていいのです。


ただし、例外もあります。

たとえば、自動車学校の先生は１００％です。

教習生の合否を決める○か×かの世界だからです。

ところが、武道の師匠は１００％の存在ではありません。

師匠と弟子が一緒に稽古をする時は、お互いに頭を下げて「よろしくお願いします」と始め、「ありがとうございました」と言って終わります。

なぜなら師匠も、弟子と同じ修行中の身だからなのです。

感情的にならないためにその51

それでも、みんな頑張っていると、考えよう。

貴族は、トロールにムッとしない。

北欧の貴族は、ムッとしない方法を子どもの時から教わっています。

その教え方は、「トロールにムッとしても仕方がないよ」というものです。

トロールとは、北欧、特にノルウェーの伝承に出て来る妖精です。

ムーミンもトロールの一種です。

日本風に言うと、妖怪です。

ヤイヤイ言っている人がいたり、イラッとするような人がいたら、「トロールだな」と思えばいいのです。

そういう人は、世の中にはたくさんいます。

同じ人間だと思うからイライラするのです。

イライラする相手は、身近な存在です。

イライラの多くの原因は、小さい差がついた時です。

遠い存在の大きい差は、まったくイライラしません。

カルロス・ゴーンさんがいくら多額の年収をもらっていても、イライラしないのです。

同期のボーナスが自分より1万円多いと聞くとイラッとします。

直属の上司にもイラッとします。

社長にイラッとする新入社員はいません。

誰しも身近な小さな差にイラッとするのです。

イラッとした時は、「今、自分の身近な存在との小さい差でイラッとしているんだな」と考えればいいのです。

究極の争いは、映画館での肘かけの取合いです。

隣の人が肘を押してきたら自分も押し返すという応酬でしかありません。

感情的になるすべての現象の原因は、「肘かけで隣の人が押してきたから」程度です。

小学校の2人がけの机に線を引いて、「この線を越えて入るな」と言うのと同じです。

「肘かけをどうぞ」という余裕を持てばいいのです。


大きい問題でイラッとする人はいません。


哲学的な命題で、人間はイラッとできないのです。

たとえば、道の途中でタクシーを待っています。

その時、「あの人、今こっち見てから私より前の方に行ったよね」となるからイラッとするのです。

タクシーの運転手さんに対しても、「『とめて』と言ったのに、今、信号を渡ったからメーターがまわったじゃん」と上がった90円にイラッとします。

かけはなれた金額の差でイラッとすることはまずありません。

「そういうことだったのか」と理屈がわかり、物事が見える状態になると、イラッとしなくなるのです。

感情的にならないためにその52

イラッとする人は、妖怪だと考えよう。

ゆっくり、静かに話すと、感情的でなくなる。

イラッとした時、感情的にならないようにおさめる方法があります。
人間はカッとすると、大体早口で大声になります。
さらに、物音も立てたくなります。
飛行機が欠航して怒っている人は、カウンターの上にカバンをドンと置きます。
大きな音は、人をイライラさせます。
穏便に解決するものも、しなくなります。

いい結果におさめたければ、相手を感情的にさせないようにする必要があります。
そのコツは、音を出さないことです。

イラッとすることがあっても、ゆっくり静かに話して、大きな音を出さないことが大切なのです。

感情的にならないために その53

カッとした時ほど、ゆっくり静かに話そう。

自分と他人の目がぶつかるのが、迷いだ。

迷っている人は、感情的になります。

迷わない人は、感情的になりません。

迷いとは、自分の中でAとBの2つの考え方がぶつかることではありません。

「自分の考え」と「他人の目」がぶつかることが迷いです。

自分の考えは、もう結論が出ているのです。

「自分はこうしたいけれども、まわりからどう見られるだろうか」と気にする人は、最終的にはどっちつかずのことをしてしまうのです。

自分のしたいようにしても、他人の目が気になります。

他人の目を優先したほうを選んでも、「本当は自分はこっちをしたかったんだけどな」と後悔します。

どちらを選んでもクヨクヨが残るのです。

まずは、自分の中でAとBに分かれて迷っているというのは錯覚で、他人の目を意識しているだけだと気づく必要があります。

ここで割り切ればいいのです。

「他人の目で生きるんだ」と決めた人は、首尾一貫しています。

「他人の目はどうでもいいから、自分のしたいようにするんだ」と決めた人も、首尾一貫しています。

感情的にならないためにその54

痛み分けにしないで、どちらかをとろう。

感情的になるのは、準備が足りないことが原因だ。

感情的になるというのは、あたふたすることです。

あたふたして怒ることもあれば、あたふたして落ち込むこともあります。
あたふたしないためには、準備をしておけばいいのです。

たとえば、デートでレストランに行くと臨時休業でした。
その時、「休みなんだから仕方がない。別のところにするか」と切りかえます。
万が一のことを考えて、「ここが休みだったらあそこ」と、その周辺で行けるお店を探して準備するのがダンドリです。

ここで「なんで休んでいるんだ。サイト情報が間違っているじゃないか。ネットでは休業日となっていなかったぞ」と、感情的になった人がすることは2つです。

1つは、シャッターを叩くことです。

シャッターを叩いても意味がありません。

それでお店があくわけではないからです。

私の家はスナックをしていました。

お店が休みの日には、「休業日」と張ってあるのにシャッターを叩く人がよくいました。

私はスナックの2階に住んでいたので、シャッターを叩かれるとわかるのです。

そういう迷惑な人は、よけいに嫌われます。

もう1つは、ネットに悪口を書くことです。

「あの店は不定期に休んでいる。ヤル気がない。わざわざ遠くから来たのに。どうせ味もたいしたことがないに違いない。流行ってると思って調子にのるな」と、期待感が高まっている人ほど、お店に入れなかった時に悪口を書くのです。

この2つをしたとしても、自分の感情がおさまるわけではありません。

ネットに書いたことは、他人に見られます。

グチ・悪口・ウワサ話は、麻薬と同じで、一瞬、爽快感があります。

そのあとに、ドーンと自己肯定感の低下が生まれて、「こんなこと書いてる自分は情けない」と思うのです。

感情的にならないために
その55

準備しよう。

孤立すると、感情的になる。

感情的になる人は、孤立しています。

感情的になることによって、さらに孤立するという負のスパイラルに入るのです。

感情的にならない人は、誰かとつながることができます。


たとえば、友達から聞いたお店が閉まっていました。

その時、友達に電話して「ちょっと冗談じゃないよ。聞いたお店が閉まってるよ。休み間違ってるよ」と言えるのです。

文句を言う相手がいるというだけで、孤立しないので感情的にはなりません。

「どこか近くにいいお店ないの？」と聞いて、解決していけます。

これが言えない、ＳＯＳを出せない人が精神的に追い詰められて感情的になるのです。

落ち込んだ時は、必ず誰かに弱音を吐くことです。

弱音を吐ける人は、感情的になりません。

優等生は、弱音を吐くことができないのです。

「弱音を吐いてはいけない」と思っているからです。

弱音を1分吐いたら、解決策を考えればいいのです。

弱音には時間制限があります。

いつまでも弱音を吐き続けると、グチになります。

弱音とグチは違います。

1分以内に終わるのが弱音です。

それ以上続くのがグチです。

通常、弱音を1分吐くと元気が湧いてきます。

ところが、そこでもう1回また弱音に戻ろうとすると、グチになるのです。
たった1人の顔がわかっている人に対して吐くのは、弱音です。
不特定多数に吐くのは、グチになるのです。

感情的にならないためにその56

誰かにSOSを出そう。

行動が遅い人ほど、あせって感情的になる。

感情的になる人は、本人が思っている以上に体が動いていないからあせるのです。

感情的にならない方法は、行動のスピードを上げることです。

座っているよりは立っている、立っているよりは歩いている、歩いているよりは走っているという人のほうが、感情的にはなりません。

今はマラソンブームです。

どこのシティマラソンも申し込みが始まると即定員オーバーになります。

走る人が多いというのは、それだけ世の中の人にストレスがたまっているのです。

走るのはいいことです。

走ることでストレスがなくなるからです。
マラソンは、走る巡礼のようなものです。
昔は、お寺や神社の多くが山の上にありました。
登る過程が運動になり、気分が浄化するのです。
山の上のお寺や神社の石段は、わざとぐちゃぐちゃに組んであります。
富士登山も、山道は溶岩ででこぼこしています。
石段がきれいに整備されていないので、結構な運動量になるのです。
タラタラ歩くのはＮＧです。
感情的になっている人は、歩き方がタラタラしています。
オヤジが昼休みにつまようじをくわえて、下っ腹を叩きながら帰るような歩き方です。
あの歩き方では感情的になります。
テキパキ歩いている人は感情的にならないのです。

ホテルの総支配人は、感情的になりません。

そもそも、日々あちこちで起こるクレームを解決するためには、感情的になっている場合ではありません。

ホテルの総支配人は、ホテルの中だけで1日10キロ歩きます。

それだけ歩いているからクレームを解決できるのです。

総支配人室で座ったままの総支配人はイライラしています。


エレベーターやエスカレーターがあるようなインテリジェントオフィスであっても、階段は必ずあります。

少々の高さであれば階段を使う人はイライラしなくなるのです。

エレベーターを待っている人は、大体イライラしています。

エレベーターの中は、イライラの塊です。

みんな上を見ていたりするのはそのためです。

しかも、秘密の漏えい防止で「ムダな会話をしないように」と貼り紙のある会社もあります。
そういうエレベーターの中はギスギスした空気になります。
それよりは、階段を使っている人のほうがはるかに生き生きしているのです。
ホワイトハウスの中にいる人は、歩くスピードがむちゃくちゃ速いです。
映画でも、その様子が出てきます。
アメリカで一番歩くスピードが速い人は、ホワイトハウスのスタッフです。
次に速いのは、ペンタゴンのスタッフです。
ホワイトハウスやペンタゴンで働く人の仕事は、感情的になったら終わりです。
どこまでもクールに頭を回転させる必要があるのです。
感情的になっている時は、正しい解決策が出ない状態です。
それでは国が滅んでしまいます。
感情的にならないためには、早足で歩くことが大切なのです。
金融のディーラーも、朝からジムで走っています。
頭の中が感情的にならないようにするためです。

一瞬で何十億円、何百億円が吹っ飛ぶ世界で仕事をしているからです。
頭の中をクリアにしておくコツは、テキパキ動くことなのです。

感情的にならないために
その57

行動のスピードを上げよう。

着がえをテキパキすると、感情的にならない。

スポーツ選手で伸びていく選手と伸びない選手の分かれ目は、着がえがテキパキできるかどうかです。

着がえが遅い人は、気持ちの切りかえが遅れるのです。

単純に気持ちを切りかえる方法は、着がえることです。

これは職場でもできます。

着がえをロッカーの中に常時入れておけばいいのです。

男性はワイシャツを着がえるだけで、だいぶ気分が変わります。

リチャード・ギアが出演している映画は、着がえるシーンが多いです。

「なんでこんなシーンで着がえているのかな。サービスカットかな」と思うほどです。ワイシャツを着がえることで、気分を新たにするという1つのセレモニーになっているのです。

スポーツの試合でも、前半と後半の間に休憩があります。ここで着がえることによって気分の流れを変えられます。

温泉の大浴場で、完全にフリーズしているような状態でボーッと着がえる人は、気持ちの切りかえができないのです。

小津安二郎監督の映画では、背広を着た笠智衆《りゅうちしゅう》が帰宅すると浴衣に着がえていました。

その着がえを原節子が手伝うというシーンが必ずあったのです。

今、外から帰ってきて家に着いたら、すぐ着がえるという習慣はなくなっています。

大切なのは、着がえがテキパキできるかどうかです。

アメリカの特殊部隊のテストでは、いきなり「その場で着がえろ」という指示があります。

そこでモタモタしている人は、特殊部隊では使えません。

特殊部隊の強さは、メンタルの強さです。

感情的になるタイプは特殊部隊の隊員にはなれないのです。

サービスのケーススタディーの本によく出てくる企業の1つに、サウスウエスト航空があります。

サウスウエスト航空のパイロットの入社試験では、「お集まりのパイロット志望者の皆さん、まずパンツ1枚になってください」と言われます。

その時に「なんでこんなことするんだ」と言う人は、「お帰りください。お疲れさまでした」と不合格になります。

さっとパンツ1枚になれる人は、感情的になっていません。

指示されたことに対してグダグダ言う人は、パイロットや宇宙飛行士には向いていないのです。

感情的にならないために その58

着がえをテキパキしよう。

現実から目をそらすことで、不安は大きくなる。

英語で「bury one's head in the sand（自分の頭を砂の中に埋める）」という諺《ことわざ》があります。

これは、ダチョウが自分より強い相手が来た時には砂の中に頭を隠すという言い伝えからきています。

頭だけを隠すのは、よけい無防備です。

結果として、一瞬は安心しますが、そのあと怖くなります。

敵が見えないからです。

それなら、逃げたほうが早いのです。

この諺は「現実から目をそらす」という意味です。

感情的になる人は、イヤな現実から目をそらして、よけい不安が大きくなるという負のスパイラルに入ります。

感情的になる人は、怒っているのではなく、不安になっているのです。

たとえば、クレームを言う人は「自分はないがしろにされている」と、自分という存在がみんなから無視されて透明人間になっているような疎外感があるのです。

そのために「なんだ、どうなってるんだ。オレは客だぞ。カネ払ってるんだぞ」と騒ぎ始めたり、声が大きくなります。

不安になるのは、今自分がいる現実から目をそらしているからです。

今の状態を見ないで、過去のことばかりを見て、本当に直さなければならないことをしないのです。

たとえば、肌が荒れている人がいます。

本来は、まず食生活を変えることが大切です。

それなのに「どこの美容クリニックに行けばいいでしょうか」と対症療法をしようとします。

「1回、血液検査しておいで」というアドバイスに、「何か病気が見つかったら怖いから」と言う人は、現実から目をそらしています。

「いきなり大病が発覚したらどうしよう」という不安を抱えているのです。

体の調子が悪い時に精神疲労が大きくて一番つらいのは、検査に行こうか行くまいか迷っている状態です。

実際に病院に行って「○○という病気です」と言われた瞬間、「なんだ、やっぱりそれか」とほっとします。

具合が悪い原因がわかった瞬間に、病気の半分は治っているのです。

感情的にならないためにその59

現実から目をそらさない。

感情を実況中継することで、感情的にならずにすむ。

感情的にならないためには、自分の感情を実況中継することです。

「怒ってないよ」ではなく、「これ、かなり僕、今怒ってるよ」と実況中継すればいいのです。

「これ、かなりヤバいよ。僕、今『別れよう』と言いそうになってるよ」と実況中継すると、感情的にならずにすむのです。

女性が「なんであなたは私の話を聞いてくれないの?」と言うと、男性は文字どおり受け取り、頭の中で自分一人の議論をします。

その議論は言葉に出しません。

女性は、頭の中で考えていることが全部ダダ漏れで言葉として出ます。

男性は頭の中で議論して、水門のようなところから出た考えが、やっと言葉として出ます。

男女の会話がなかなかかみ合わないのはこのためです。

女性は、思っていることを段階的に全部言います。

男性は、頭の中で何往復もしたあとの結果だけを言うので、女性に「いきなり何を言うの？」と思われます。

女性が「なんで私の話を聞いてくれないの？」と言うと、男性から次に出てくる言葉は「じゃ、別れようということか」です。

女性からすると、「え？　つながってないよ、それ」となります。

男性の頭の中では一人会議が積み重ねられていたので、つながっているのです。

そのあとも、

「ひと言もそんなこと言ってないじゃない」

「だってそういうことだろう」

という会話になります。

15分後にいきなり怒るのは、一人会議を15分間していた結果です。

15分たてば、すでに話題は変わっています。

それなのに「なんだッ」といきなり怒り始めると、相手がびっくりします。

相手がきょとんとしていると、「こっちがこんなに一人会議してたのに」と、よけいムカつきます。

怒らないためには、自分の頭の中の一人会議を実況中継すればいいのです。

感情的にならないために その60

感情を、実況中継しよう。

一気に解決することを求めると、感情的になる。

何事も一気には解決しないものです。

特に、最初は少しずつ解決していきます。

あるティッピングポイント（大きな転換点）を越えたところからは、一気に解決する場合もあります。

通常はちびりちびりと解決しながら1点、2点と取り、それを積み重ねて最後に100点になればいいのです。

「自分の頑張りと比例して結果が出るに違いない」と思っていると、「こんなに自分は努力しているのになぜだ」というあせりが生まれてしまいます。

グラフであらわすと、最初はゼロの連続でも、最後のところでグッと追い込んで上がる曲線になればいいのです。

「こんなに頑張っているのに」とあせる人は、一気に解決しようとしています。

こんな人は、「これを食べれば健康になる」「これを食べれば痩せる」「1週間で英語がペラペラになる」という魔法の解決法を求めてしまいがちです。ためした方法がうまくいかないと、次から次へと本を買ったり、セミナーに行って解決法を探します。

そういう本に飛びつく人は、感情的になっているのです。

「結果が出ないからよけいあせる」という負のスパイラルに入っています。

一気に解決することを最初から求めないことです。

1週間で成果を出すより、10年で成果を出すという計画を立てることです。

10年で痩せる、10年で稼げるようになるという計画を立てればいいのです。

感情的にならないために その61

一気に解決することを、求めない。

確率にこだわると、感情的になる。

感情的になる人は、「成功率は何%ですか」という確率にこだわります。

この発想は、学校の勉強の延長線です。

受験生は、Ａ～Ｅの５つに分かれている合格率で、Ａの80%以上を目指します。

「あなたは感情的ですか」と聞かれて、「感情的なところが50%、感情的でないのが50%」と答えるのは、感情的になる人です。

「いやぁ、僕は感情的になるな」と言っている人は、感情的になりません。

「感情的になることもあれば、感情的にならないこともある」と言う人は、１００%感情的になります。

あらゆることの成功率や確率にこだわる人は、八方美人です。

「Aにしますか、Bにしますか」と聞かれた時に、「Aもいいけど、Bもいいな。五分五分です」と答える弱さがあるのです。

感情的にならないためにその62

確率に、こだわらない。

漠然とした不安は、感情的になる。具体的な危機感は、感情的にならない。

「不安」と「危機感」は違います。
不安は、漠然としているものです。
危機感は、具体的なものです。
具体的に行動することによって、不安は危機感になります。
不安を持っている人は、感情的になります。
危機感を持っている人は、冷静になります。

具体的に行動することによって、具体的な危機感を持つことです。

危機感を持つことは、悪いことではありません。

不安は、いたずらにエネルギーを消耗するだけです。

人にアドバイスを求める時でも、不安を解消するためのアドバイスは意味がありません。

危機感を解決するための作戦なら、アドバイスしてもらえるのです。

感情的にならないためにその63

具体的な危機感を持とう。

第四章

感情を乗り越えて
カッコいい人になる

希望とは、未来の組み立てだ。

「勇気が持てないんです」と言う人がいます。
勇気を持つ必要などまったくありません。
ドキドキしたり、怖いからです。
間違った勇気は、無謀なことをしてしまいます。
勇気がないことで自分を責める人もいます。
人間に必要なのは、勇気ではなく、未来についての希望を持つことです。
希望の定義が明確にできていないと、希望を持つことはできません。
希望とは「未来を組み立てること」です。
未来の行程表ができるということです。

未来が手に入ることではありません。

「こうしていけば、やがて手に入る」とわかることが希望です。

希望は、「今ここでもらえる」という約束ではありません。


行程表があると、「それならコツコツできるな」という気持ちになります。


試験勉強で挫折するのは、行程表がない人です。

行程表をつくることは、未来をデザインしていくということです。

未来のデザインが決まった人は、片づくようになります。

家の片づけが始められない人は、「散らかった家のどこから手をつけていいかわからない」と言って、行程表をつくらないのです。

スケジュール表ができ上がれば、未来が組み上がります。

今日の分しかできていなくても、「今日はここまですればいいんだな。よし、できた」という達成感が生まれます。

今日の分ができたことで、「この分でいけばなんとかなる」ということもわかります。

これで希望を持てるのです。


希望があると、人間は感情的になりません。

人間は、絶望の中で感情的になります。

今日より明日が悪くなるような感じがするからです。

そうすると、明日が来てほしくない→今が楽しくない→昔はよかったというように、気持ちがどんどんうしろ向きになってしまうのです。

感情的にならないために
その64

未来を組み立てよう。

怒りを同情に置きかえる。

たとえば、タクシーが来たので手を挙げると、そのタクシーが無視して通り過ぎました。

この時に自分が被害者になってしまうと、怒りになります。

感情的にならないためには、同情に置きかえることです。

「気の毒にあのタクシーの運転手さんは売上げが伸びないだろうな」と考えればいいのです。

同情すると、ワンフロア上から物事を見られます。

上から目線ではなく、神様目線です。

神様目線になると、感情的になりません。

感情的になるのは、同じ目線や下から目線になっている時です。

たとえば、大切なプレゼンがある時に遅刻をする人がいます。

その時、「おまえ、何しているんだ」と怒らないことです。

「かわいそうに、こいつ、この習慣を続けていると、チャンスなくしていくな。三船敏郎さんは、朝一番に来て事務所の掃除をしていたんだよね」と思えば、「気の毒に」という気持ちになるのです。

感情的にならないためにその65

「気の毒に」と考えよう。

「感情を乗り越えるカッコいい人」を演じる。

「中谷さんはいいですよ。サービスの悪い店にあたってもネタになるから」と言う人がいます。

たしかに、お店でムッとするようなことがあっても、「もっとひどい事態を起こしてくれ。さあ、面白いことが起こってきたよ。こんなネタがまたできちゃった」とワクワクします。

たとえば、新幹線のグリーン席で窓ぎわに座っていた人が、私が座る予定の席に大きいスーツケースを置いていました。

「すみません」と言っても、知らん顔をされました。

そこでキレません。

ちょうど車掌さんが来たので「これ、どこか置けるところないですか」と聞くと、「一番端っこのところに置けます」と言われました。

それでも、スーツケースの持ち主は無反応です。

スーツケースを手元に置いておきたいのです。

「棚の上に載せましょうか」と言うと、「じゃ、それで」と言うので、私が棚の上に載せました。

そのあと、私は「どういたしまして」という言葉を用意していました。

それなのに、お礼もなく無言です。

その時は、「このやりとりをきっとどこかの陰で美人が見ていて、『さすが中谷さん、偉いな』と思ってくれているに違いない」という妄想をして、感情的にならずにすみました。

その後、車内販売で、アイスコーヒーを買いました。

「倒れやすいので気をつけてください」と言って置いてくれた販売員の女性がアイス

コーヒーを倒しました。

コントのような出来事です。

私は「かかっていませんから大丈夫です」と言おうと思っていました。

「かかりませんでしたか」という相手の言葉を先取りしていたからです。

すると、販売員の女性から「かかりませんでしたよね」と言われました。

その時、私の頭の中にフラッシュバックしたのは、以前、韓国に行った時のことです。

私は韓国語の「ノープロブレム」という意味の「ケンチャナヨ」という言葉を覚えていました。

焼肉屋さんで食事をしていると、お店の女性がウーロン茶のグラスを私の前でボンと倒しました。

私が「ここだ。今『ケンチャナヨ』と言う場面だ」と思った瞬間、お店の女性が「ケンチャナヨ」と言いました。

「あれ、『ケンチャナヨ』って迷惑をかけた方からも使える言葉なのかな」と不思議に思った体験をしていたのです。

新幹線でアイスコーヒーをこぼされた時、私は韓国でのその出来事を思い出しながら、「きっと美人が今見ているに違いない」と思い、ニッコリ笑いながら「セーフです」と言いました。

その後、大阪の御堂筋線で私の前に立っていた知らない女性がフラッとよろけて、思いきりハイヒールで足を踏まれました。

「また来たね」と思いました。

「もういくらでも来い」という気持ちで、イラッとしないのです。

自分をドラマの中の主人公としてキャラ設定しているからです。

どんなピンチの場面でも笑ってクリアするドラマの主人公になっているのです。

「感情的になる人」と「感情を乗り越えるカッコいい人」のどちらを自分が選ぶかです。

誰もがムッとすることでも、キャラ設定をすることでムッとしないでいられるのです。

感情的にならないために
その66

キャラ設定をしよう。

選ばれなかった理由ではなく、選ばれなかったポイントはどこか考える。

たとえば、新しいプロジェクトチームのメンバーに同僚が選ばれて、自分は選ばれませんでした。

ここで、「なんで自分は選ばれなかったんだ」とムッとして感情的になりがちです。

この不満を改善に置きかえればいいのです。

「自分が選ばれなかったポイントは何か」「あいつが選ばれたポイントは何か」と分析することによって、感情的にならずにすみます。

そうしないと、「なんで選ばれないんだ。オレは嫌われている」と考え続けます。
選ばれなかったということは、選ばれなかっただけの差があるからです。
選ばれた人は、何か自分がしていないことをしていたのです。
分析を冷静に書き出していく段階で、感情的でなくなります。
時には、後輩に出世を追い越されることがあります。
「なんで？」とムッとすると、ますます後輩からは扱いにくい先輩になります。
そもそも年上の部下は使いにくいのです。
ムッとすると、さらにその下の後輩に追い越されるという不利なことが起こります。
感情的にならないためには、不満を分析して改善に置きかえることが大切なのです。

感情的にならないために　その67

不満を、改善に変えよう。

笑いは、嫉妬を上まわる。

同僚が幸せになるとムカついて、同僚が不幸になると幸せになるというのが嫉妬です。

人の不幸ばかり書いているサイトには、アクセス数が多いです。
そういうサイトを見ても、結果として自分の満足度は上がりません。
嫉妬よりも脳にインパクトを与えるのは、笑いです。
笑っている時は、嫉妬が消えます。

嫉妬をしないようにしようと考えると、逆に嫉妬の気持ちが大きくなります。
嫉妬を上まわる行為をすればいいのです。
それは、大笑いすることです。

笑っている時は、同時に嫉妬することができません。
笑いと嫉妬では、笑いの力が勝つからです。
大笑いするようなことをすれば、嫉妬はしないのです。

感情的にならないために
その68

大笑いしよう。

身近な人の成功は、自分の失敗ではない。

身近な人が成功すると、ねたみの感情が湧いてきます。

身近な人の成功は、自分の失敗のような気がするからです。

成功か失敗かは、比べている人との相対的な関係で決まります。

抜け出た人がいると「あいつは成功した」となり、「自分は抜かれて失敗した」と考える人がいます。

こういう考え方をしていると、必ず感情的になります。

人がうまくいっていることは見えやすいからです。

自分がうまくいっていないことも見えやすいのです。

同じ条件で比較しないのは不利です。

ほかの人もうまくいっていないことはたくさんあります。

自分もうまくいっていることがあることに気づいていないのです。

ゴルフでも、他人のスコアがいいと「あいつは運がいい」と言います。

自分が運がよかった時のことは忘れています。

自分のスコアはすべて実力だと思っているのです。

たまたま風が吹いたからボールが手前に戻っただけです。

風がなければ、完全にOBでした。

それなのに、自分がフェアウェイにのせたと勘違いして記憶しているのです。


他人の成功を自分の失敗と感じていると、必ず感情的になります。

感情的にならない方法は、他人が成功していることをねたまないで、「あいつ、どうしたんだろう」と考えて、マネすることです。

成功した人に「どうやったの？」と教わったり、マネして自分も同じように成功すればいいのです。

感情的にならないためにその69

身近な人の成功をマネしよう。

物語に感動して泣ける。

ミュージカルや映画で感動して泣くのはいいことです。

むしろ、泣くことで感情的になることを防ぐことができます。

年をとると、感情の閾値《いきち》が下がるので泣きやすくなります。

もともと女性は泣きやすいですが、男性は泣くのがヘタです。

男性と女性とでは、脳の構造が違うからです。

女性は、感情が瞬間的にポンと上がる直通のエレベーターがあります。

ところが、男性はエレベーターではなくエスカレーターなので、感情が上がってくるまでに時間がかかるのです。

男性も泣くことは必要です。

泣くと、心の中のおりが洗い流されます。

うかうかしていると、本当に泣けなくなります。

ミュージカルや映画に、現実をひっぱらないことです。

「どうせつくり話じゃん」「これ、偶然が多すぎる」と思った瞬間に泣けなくなります。

それよりは、物語に感情移入すると泣けます。

感情的になりやすい人は、ふだん感動することがなくなっているのです。

小さなことに感動して泣けることが大切なのです。

感情的にならないためにその70

小さなことに感動して泣こう。

他人の評価より、自分の満足を優先する。

せっかくいい企画書を書いたつもりなのに、上司からボコボコに言われることがあります。

「てにをは」を直されます。

重箱の隅をつつくように「ここが足りない」「あそこが足りない」と指摘されます。

「この企画、オレは気に入らない」と言われると、めげてしまいます。

この時に、ぶちキレないコツがあります。

博報堂時代、私の兄弟子は、プレゼンボードをつくったあと、タバコを一服しながらそれを眺めていました。

私は何かチェックしているのかと思い、「そろそろ、行きますか」と声をかけると、「待て待て。味わえ」と言われました。

「企画書ができたら、せめて1分は味わえ。どうせボツになるんだよ。だから、ここで味わうんだ」と教えられたのです。

今から思い出すと、これがボツになった時に耐えられる力になるのです。

自分の中で「頑張ってこの企画書をつくり上げたな」と味わうことを、「味わいタイム」と言っていました。

急いでいるので味わいタイムは1分しかありません。

でもこの1分があるかないかで大きく違います。

「自分的にはなかなかいい」「自分的には、もう少しここをこうしたかったな」という1分の味わいタイムを持つことで、上司にボコボコに言われても耐えられるのです。

感情的にならないために
その71

自分の企画書を味わう1分を持とう。

自分より感情的になっている人を見るだけで、落ちつける。

感情的にならない方法は、自分より感情的になっている人を見ることです。

たとえば、空港で飛行機が遅れるというアナウンスが入りました。

その時に「どうなってんねん」と言う人が必ず出てきます。

その人が言わなければ、自分が叫んでいたところです。

ほんのタッチの差で、「どうなってんねん。オレの10億の取引きをどうしてくれる?」と、CAさんに食ってかかる人がいるのです。

そういう人がいると、急に自分が「まあまあ、CAさんもなんとかしようと思って困ってるじゃないか。やめたまえ」と言う側にまわれます。

その人が1秒遅ければ、自分が文句を言う側になっていたのです。

自分より感情的になっている人を見つけるコツは、まずまわりを見ることです。それから10数えます。

子どもの時に「10数えてからお風呂を上がりなさい」と言われたのと同じです。あれは大切な教えなのです。

10数えている間に、先に文句を言う人が必ずあらわれます。

誰かが文句を言うことで、「まあまあ、CAさんだって困っているじゃないか。協力してあげようよ」と、急に自分がいい人になれるのです。

空港のエックス線チェックの場所でも「早くしろ」と文句を言う人がいます。

空港のスタッフも、早くしたいのは山々です。

とはいえテロ対策もあるし、時間がかかるとお客様に怒鳴られて大変なのです。

誰かが怒鳴ってくれると自分は必ず冷静な側にまわれます。

自分の身近に感情的になりやすい人がいると、冷静になれる可能性が高くなります。

そういう人がまわりに1人でもいるのは、迷惑なことではないのです。

自分が感情的にならずにすむありがたい存在なのです。

感情的にならないために　その72

自分より感情的になっている人を、なだめよう。

あとがき

くだらないことをすることで、感情的にならなくなる。

優等生は、「くだらないこと」ができない人です。

まじめで謹厳実直な人が一番感情的になるのです。

くだらないことをすると、発散できます。

時にはムダづかいや理不尽なお金の使い方をしたり、衝動買いをする人は感情的になりません。

すべてが理にかなったことばかりをしようとする人は、少しでも理にかなわないことがあった時に「なんで？」と納得できません。

すべてのことに筋を通そうとすると、理不尽なことを受け入れるキャパがなくなるのです。
理不尽なことは、世の中からなくなることはありません。
社会にあるのは理不尽なことだらけだからです。
みずからくだらないことをすれば理不尽に強くなるのです。

感情的にならないために
その73

「くだらないこと」をしよう。

[著者]
中谷　彰宏（なかたに・あきひろ）
1959年、大阪府生まれ。早稲田大学第一文学部演劇科卒。博報堂で８年間CMプランナーの後、株式会社中谷彰宏事務所設立。
【公式サイト】http://www.an-web.com

感想など、あなたからのお手紙をお待ちしています。
僕は、本気で読みます。（中谷彰宏）

〒150-8409 東京都渋谷区神宮前6-12-17
ダイヤモンド社 書籍編集局第４編集部気付　中谷彰宏 行
※食品、現金、切手などの同封は、ご遠慮ください。（編集部）

EYE LOVE EYE
視覚障害その他の理由で活字のままでこの本を利用できない人のために、営利を目的とする場合を除き「録音図書」「点字図書」「拡大写本」等の製作をすることを認めます。その際は著作権者、または、出版社までご連絡ください。

中谷彰宏は、盲導犬育成事業に賛同し、この本の印税の一部を㈶日本盲導犬協会に寄付しています。

なぜあの人は感情的にならないのか

2016年４月14日　第１刷発行

著　者――中谷彰宏
発行所――ダイヤモンド社
〒150-8409　東京都渋谷区神宮前6-12-17
http://www.diamond.co.jp/
電話／03·5778·7227（編集）　03·5778·7240（販売）
装丁――――中井辰也
製作進行――ダイヤモンド・グラフィック社
印刷・製本―ベクトル印刷
編集担当――土江英明

ISBN 978-4-478-06866-3

恋愛論・人生論

『ほんのささいなことに、恋の幸せがある。』
『高校時代にしておく50のこと』
『中学時代にしておく50のこと』

【PHP文庫】

『もう一度会いたくなる人の話し方』
『お金持ちは、お札の向きがそろっている。』
『たった３分で愛される人になる』
『自分で考える人が成功する』
『大人の友達を作ろう。』
『大学時代しなければならない50のこと』

【大和書房】

『結果がついてくる人の法則58』

【だいわ文庫】

『「つらいな」と思ったとき読む本』
『27歳からのいい女養成講座』
『なぜか「HAPPY」な女性の習慣』
『なぜか「美人」に見える女性の習慣』
『いい女の教科書』
『いい女恋愛塾』
『やさしいだけの男と、別れよう。』
『「女を楽しませる」ことが男の最高の仕事。』
『いい女練習帳』
『男は女で修行する。』

【学研パブリッシング】

『美人力』
『魅惑力』
『冒険力』
『変身力』
『セクシーなお金術』
『セクシーな会話術』
『セクシーな仕事術』
『口説きません、魔法をかけるだけ。』
『強引に、優しく。』

【阪急コミュニケーションズ】

『いい男をつかまえる恋愛会話力』
『サクセス＆ハッピーになる50の方法』

【あさ出版】

『「いつまでもクヨクヨしたくない」とき読む本』
『「イライラしてるな」と思ったとき読む本』
『「つらいな」と思ったとき読む本』

【きずな出版】

『ファーストクラスに乗る人の人間関係』
『いい女は「変身させてくれる男」とつきあう。』
『ファーストクラスに乗る人の人脈』
『ファーストクラスに乗る人のお金２』
『ファーストクラスに乗る人の仕事』
『ファーストクラスに乗る人の教育』
『ファーストクラスに乗る人の勉強』
『ファーストクラスに乗る人のお金』
『ファーストクラスに乗る人のノート』
『ギリギリセーフ』

【ぱる出版】

『セクシーな男、男前な女。』
『運のある人、運のない人』
『器の大きい人、小さい人』
『品のある人、品のない人』

【リベラル社】

『一流の話し方』
『一流のお金の生み出し方』
『一流の思考の作り方』
『一流の時間の使い方』

『なぜいい女は「大人の男」とつきあうのか。』（秀和システム）
『「学び」を「お金」にかえる勉強』（水王舎）
『「お金持ち」の時間術』（二見書房・二見レインボー文庫）
『服を変えると、人生が変わる。』（秀和システム）
『なぜあの人は40代からモテるのか』（主婦の友社）
『輝く女性に贈る　中谷彰宏の運がよくなる言葉』（主婦の友社）
『名前を聞く前に、キスをしよう。』（ミライカナイブックス）
『ほめた自分がハッピーになる「止まらなくなる、ほめ力」』（パブラボ）
『なぜかモテる人がしている42のこと』（イースト・プレス　文庫ぎんが堂）
『一流の人が言わない50のこと』（日本実業出版社）
『輝く女性に贈る　中谷彰宏の魔法の言葉』（主婦の友社）
『「ひと言」力。』（パブラボ）
『一流の男　一流の風格』（日本実業出版社）
『変える力。』（世界文化社）
『なぜあの人は感情の整理がうまいのか』（中経出版）
『人は誰でも講師になれる』（日本経済新聞出版社）
『会社で自由に生きる法』（日本経済新聞出版社）
『全力で、１ミリ進もう。』（文芸社文庫）
『だからあの人のメンタルは強い。』（世界文化社）
『「気がきくね」と言われる人のシンプルな法則』（総合法令出版）
『だからあの人に運が味方する。』（世界文化社）
『だからあの人に運が味方する。（講義DVD付き）』（世界文化社）
『なぜあの人は強いのか』（講談社+α文庫）
『贅沢なキスをしよう。』（文芸社文庫）
『3分で幸せになる「小さな魔法」』（マキノ出版）
『大人になってからもう一度受けたい　コミュニケーションの授業』（アクセス・パブリッシング）
『運とチャンスは「アウェイ」にある』（ファーストプレス）
『「出る杭」な君の活かしかた』（明日香出版社）
『大人の教科書』（きこ書房）
『モテるオヤジの作法２』（ぜんにち出版）
『かわいげのある女』（ぜんにち出版）
『壁に当たるのは気モチイイ　人生もエッチも』（サンクチュアリ出版）
『ハートフルセックス』【新書】（KKロングセラーズ）
書画集『会う人みんな神さま』（DHC）
ポストカード『会う人みんな神さま』（DHC）

面接の達人（ダイヤモンド社）

『面接の達人　バイブル版』
『面接の達人　面接・エントリーシート問題集』

中谷彰宏の主な作品一覧（2016年2月現在）

ビジネス

【ダイヤモンド社】

『50代でしなければならない55のこと』
『なぜあの人の話は楽しいのか』
『なぜあの人はすぐやるのか』
『なぜあの人の話に納得してしまうのか［新版］』
『なぜあの人は勉強が続くのか』
『なぜあの人は仕事ができるのか』
『なぜあの人は整理がうまいのか』
『なぜあの人はいつもやる気があるのか』
『なぜあのリーダーに人はついていくのか』
『なぜあの人は人前で話すのがうまいのか』
『プラス1％の企画力』
『こんな上司に叱られたい。』
『フォローの達人』
『女性に尊敬されるリーダーが、成功する。』
『就活時代しなければならない50のこと』
『お客様を育てるサービス』
『あの人の下なら、「やる気」が出る。』
『なくてはならない人になる』
『人のために何ができるか』
『キャパのある人が、成功する。』
『時間をプレゼントする人が、成功する。』
『ターニングポイントに立つ君に』
『空気を読める人が、成功する。』
『整理力を高める50の方法』
『迷いを断ち切る50の方法』
『初対面で好かれる60の話し方』
『運が開ける接客術』
『バランス力のある人が、成功する。』
『逆転力を高める50の方法』
『最初の3年その他大勢から抜け出す50の方法』
『ドタン場に強くなる50の方法』
『アイデアが止まらなくなる50の方法』
『メンタル力で逆転する50の方法』
『自分力を高めるヒント』
『なぜあの人はストレスに強いのか』
『スピード問題解決』
『スピード危機管理』
『一流の勉強術』
『スピード意識改革』
『お客様のファンになろう』
『大人のスピード時間術』
『なぜあの人は問題解決がうまいのか』
『しびれる仕事をしよう』
『しびれるサービス』
『大人のスピード説得術』
『お客様に学ぶサービス勉強法』
『大人のスピード仕事術』
『スピード人脈術』
『スピードサービス』
『スピード成功の方程式』
『スピードリーダーシップ』
『大人のスピード勉強法』
『一日に24時間もあるじゃないか』
『出会いにひとつのムダもない』
『お客様がお客様を連れて来る』
『お客様にしなければならない50のこと』
『30代でしなければならない50のこと』
『20代でしなければならない50のこと』
『なぜあの人の話に納得してしまうのか』
『なぜあの人は気がきくのか』
『なぜあの人はお客さんに好かれるのか』
『なぜあの人は時間を創り出せるのか』
『なぜあの人は運が強いのか』
『なぜあの人にまた会いたくなるのか』
『なぜあの人はプレッシャーに強いのか』

【ファーストプレス】

『「超一流」の会話術』
『「超一流」の分析力』
『「超一流」の構想術』
『「超一流」の整理術』
『「超一流」の時間術』
『「超一流」の行動術』
『「超一流」の勉強法』
『「超一流」の仕事術』

【PHP研究所】

『［図解］お金も幸せも手に入れる本』
『もう一度会いたくなる人の聞く力』
『もう一度会いたくなる人の話し方』
『【図解】仕事ができる人の時間の使い方』
『仕事の極め方』
『【図解】「できる人」のスピード整理術』
『【図解】「できる人」の時間活用ノート』

【PHP文庫】

『中谷彰宏　仕事を熱くする言葉』
『入社3年目までに勝負がつく77の法則』

【オータパブリケイションズ】

『せつないサービスを、胸きゅんサービスに変える』
『ホテルのとんがりマーケティング』
『レストラン王になろう2』
『改革王になろう』
『サービス王になろう2』
『サービス刑事』

【あさ出版】

『気まずくならない雑談力』
『人を動かす伝え方』
『なぜあの人は会話がつづくのか』

【学研プラス】

『シンプルな人は、うまくいく。』
『見た目を磨く人は、うまくいく。』
『決断できる人は、うまくいく。』
『会話力のある人は、うまくいく。』
『片づけられる人は、うまくいく。』
『怒らない人は、うまくいく。』
『ブレない人は、うまくいく。』
『かわいがられる人は、うまくいく。』
『すぐやる人は、うまくいく。』

『一流の仕事の習慣』（ベストセラーズ）
『仕事は、最高に楽しい。』（第三文明社）
『「反射力」早く失敗してうまくいく人の習慣』（日本経済新聞出版社）
『伝説のホストに学ぶ82の成功法則』（総合法令出版）
『富裕層ビジネス　成功の秘訣』（ぜんにち出版）
『リーダーの条件』（ぜんにち出版）
『成功する人の一見、運に見える小さな工夫』（ゴマブックス）
『転職先はわたしの会社』（サンクチュアリ出版）
『あと「ひとこと」の英会話』（DHC）

恋愛論・人生論

【ダイヤモンド社】

『なぜあの人は逆境に強いのか』
『25歳までにしなければならない59のこと』
『大人のマナー』
『あなたが「あなた」を超えるとき』
『中谷彰宏金言集』
『「キレない力」を作る50の方法』
『お金は、後からついてくる。』
『中谷彰宏名言集』
『30代で出会わなければならない50人』
『20代で出会わなければならない50人』
『あせらず、止まらず、退かず。』
『明日がワクワクする50の方法』
『なぜあの人は10歳若く見えるのか』
『成功体質になる50の方法』
『運のいい人に好かれる50の方法』
『本番力を高める57の方法』
『運が開ける勉強法』
『ラスト3分に強くなる50の方法』
『答えは、自分の中にある。』
『思い出した夢は、実現する。』
『習い事で生まれ変わる42の方法』
『面白くなければカッコよくない』
『たった一言で生まれ変わる』
『健康になる家　病気になる家』
『スピード自己実現』
『スピード開運術』
『20代自分らしく生きる45の方法』
『受験の達人2000』
『お金は使えば使うほど増える』
『大人になる前にしなければならない50のこと』
『会社で教えてくれない50のこと』
『学校で教えてくれない50のこと』
『大学時代しなければならない50のこと』
『昨日までの自分に別れを告げる』
『あなたに起こることはすべて正しい』

【PHP研究所】

『なぜランチタイムに本を読む人は、成功するのか。』
『なぜあの人は余裕があるのか。』
『中学時代にガンバれる40の言葉』
『叱られる勇気』
『40歳を過ぎたら「これ」を捨てよう。』
『中学時代がハッピーになる30のこと』
『頑張ってもうまくいかなかった夜に読む本』
『14歳からの人生哲学』
『受験生すぐにできる50のこと』
『高校受験すぐにできる40のこと』

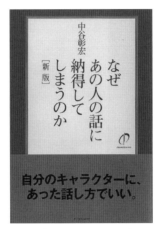

◆中谷彰宏好評既刊◆

好評の『なぜあの人は』シリーズ。「やる気が、冷めないで続く方法。」

『なぜあの人は人前で話すのがうまいのか』『なぜあのリーダーに人はついていくのか』に続く『なぜあの人は』シリーズ好評既刊。やる気を継続していくには何をすればいいのか。「ライバルを応援すると、やる気がわいてくる」「『死ぬほどやっている』という人はレベルが低い」「『やってみる』ではなく、『やりきる』」「『やる気』を行動に置きかえる」など、モチベーションを高めるコツが満載の本。

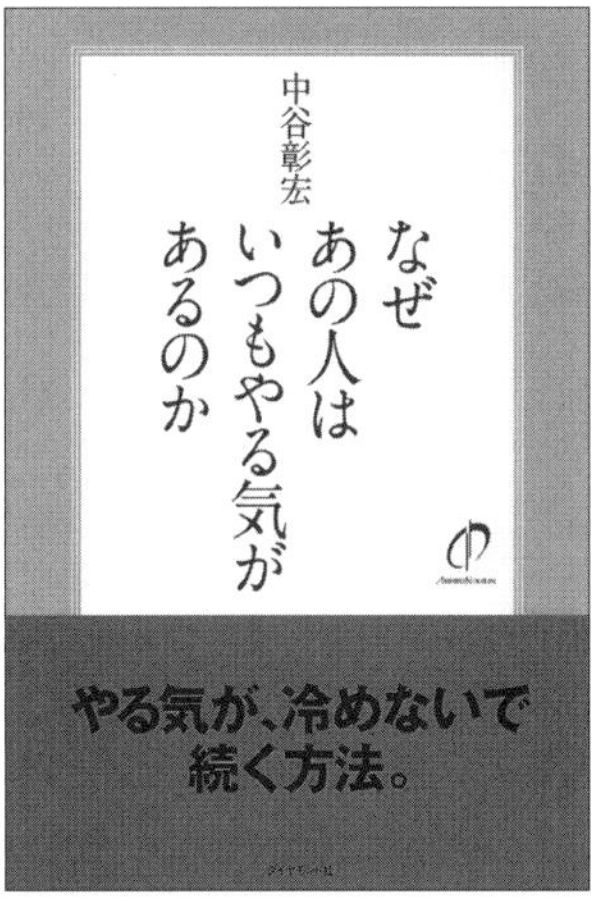

なぜあの人は いつもやる気があるのか

中谷　彰宏［著］

●四六判並製●定価（本体1300円＋税）

http://www.diamond.co.jp/

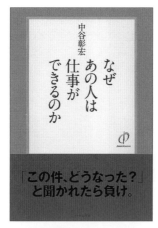